Short Stories in Ukrainian

English and Ukrainian Short Stories Side by Side

How to say the Ukrainian letters

А, а - like "a" in "car"

Е, е - like "ye" in "yet"

І, і - like "ee" in "see"

О, о - like "o" in "more"

У, у - like "oo" in "boot"

Я, я - after a consonant, like "ya" in "yard"; at the start of a word, like "a" in "apple"

Ю, ю - after a consonant, like "yu" in "yule"; at the start of a word, like "u" in "use"

Є, є - like "ye" in "yellow"

Ї, ї - like "yi" in "yield"

Consonants: (Only ones that might be tricky)

Г, г - closer to "h" in "house" than the English "g"

Ж, ж - like "s" in "measure" or "zh" sound

Ч, ч - like "ch" in "chip"

Ш, ш - like "sh" in "shop"

Ц, ц - like "ts" in "bits"

Щ, щ - it's a soft "shch" sound, a bit like "fresh cheese" said quickly

Special Sounds:

Ь - soft sign, makes the preceding consonant softer (palatalized)

Ъ - hard sign, makes the preceding consonant harder

Stress: Ukrainian words have one stressed syllable, which can change the word's meaning. Unfortunately, stress is not usually marked in writing, so it's something you'll have to learn through listening and practice.

Foreword

Stories are bridges, connecting us to memories and communities 🌍. This book offers a journey through tales crafted in both Ukrainian and English 🇺🇦➕. With English on the left and Ukrainian on the right, you're invited to experience the charm of each language and dive into an enthralling storytelling world.

Journey with us, meet captivating characters, and uncover lessons that touch the heart 🖤. We hope these tales not only entertain but deepen your appreciation for the Ukrainian language and storytelling's universal power. Dive in, celebrate the bond of stories, and relish the linguistic adventure.

Happy reading! 📖✨

Table of Contents

A New Friend

Yasin's family moved from Iraq to England for safety and acceptance. In London, Yasin befriended his neighbor, Andrew, and they became really good friends.

Yasin's English improved, but he was nervous about school. Andrew walked with him on the first day, offering reassurance. At school, Yasin faced some teasing, but Andrew defended him and emphasized the importance of differences.

The children began to accept Yasin and include him in activities. Yasin's confidence grew, and his friendship with Andrew flourished. They learned from each other's backgrounds, and their bond exemplified the value of diverse friendships.

Grateful for his new life and friendship with Andrew, Yasin appreciated the opportunities and personal growth he experienced in England.

Новий Друг

Сім'я Ясіна переїхала з Іраку до Англії за безпекою та прийняттям. У Лондоні Ясін подружився зі своїм сусідом, Ендрю, і вони стали справді добрими друзями.

Англійська Ясіна поліпшилась, але він був нервовим через школу. Ендрю пішов з ним у перший день, пропонуючи підтримку. У школі Ясін стикався з деяким насмішками, але Ендрю захищав його і наголошував на важливості відмінностей.

Діти почали приймати Ясіна і включати його в активності. Впевненість Ясіна росла, і його дружба з Ендрю процвітала. Вони вчилися один від одного з різних культурних тлів, і їх зв'язок демонстрував цінність різноманітних дружб.

Вдячний за своє нове життя і дружбу з Ендрю, Ясін оцінював можливості та особистісний ріст, який він зазнав у Англії.

A New Adventure

Sam sat at the airport, waiting for his suitcase. He was tired and cold, missing the warm weather of his hometown in India. His family moved to Paris because his father got a job there. Sam felt upset about leaving his friends behind.

At the airport, a boy stared at Sam's turban, making him uncomfortable. He quickly grabbed a suitcase that looked like his and left. As they drove to their new home, Sam noticed how different Paris was from his hometown. His father encouraged him to be excited about the new experiences ahead.

On his first day of school, Sam felt nervous because he didn't understand French, and no one wore a turban. His father reassured him, and they went inside. Sam spotted the same boy from the airport crying in the hallway. The boy, Pierre, explained he had lost his suitcase filled with souvenirs from his trip to India.

Sam realized he took Pierre's suitcase by mistake. The boys became friends, and Pierre helped Sam adjust to his new school. Sam learned about the Eiffel Tower and even gave a presentation about India with Pierre.

In the end, Sam discovered that courage, understanding, and an open mind helped him adapt to his new life in Paris.

Нова Пригода

Сем сидів у аеропорту, чекаючи на свій чемодан. Він був втомлений та холодний, скучаючи за теплою погодою рідного міста в Індії. Його сім'я переїхала до Парижа, тому що батько отримав роботу там. Сем був сумним через те, що залишив своїх друзів.

В аеропорту хлопчик дивився на тюрбан Сема, змушуючи його почуватися незручно. Він швидко схопив чемодан, який виглядав як його, і пішов. У дорозі до нового дому, Сем помітив, наскільки Париж відрізняється від його рідного міста. Його батько закликав його радіти новим досвідам, які чекають на нього.

У перший день школи Сем почувався нервово, тому що не розумів французьку, і ніхто не носив тюрбан. Його батько запевнив його, і вони увійшли до будівлі. Сем побачив того самого хлопчика з аеропорту, який плакав у коридорі. Хлопчик, П'єр, пояснив, що втратив свій чемодан, наповнений сувенірами зі своєї подорожі до Індії.

Сем усвідомив, що помилково взяв чемодан П'єра. Хлопці стали друзями, і П'єр допоміг Сему пристосуватися до нової школи. Сем дізнався про Ейфелеву вежу та навіть провів презентацію про Індію разом з П'єром.

В результаті, Сем відкрив, що мужність, розуміння та відкритий розум допомогли йому адаптуватися до нового життя в Парижі.

A New Home

Tim, the young Bengal tiger, felt chilly in the winter, missing the warmth of his Indian home. He tried to remember his old home but struggled with it, making him feel sadder.

One day, when Tim was trying to remember his old life, Lila the Panther noticed him. Lila asked Tim what he was doing, and he explained that he was trying to remember being a Bengal tiger.

Lila suggested that Tim look at his reflection in the ice. She said that her spots reminded her of her African heritage. Tim noticed Lila's eyes brightening as she remembered her home. Lila told Tim that even though they were from different places, they had similarities like their whiskers and sharp claws.

Tim wondered if other animals, like elephants and zebras, missed their homes too. Lila assured him that every animal at the zoo felt homesick sometimes, but they all had unique features to remind them of their origins.

Tim began to feel better, realizing he would always have his stripes to remind him of his Bengal home. As night fell, Tim understood that all the animals were different but shared similar feelings, and he knew he would never be alone.

Новий Дім

Тім, молодий тигр-бенгалець, відчував холод узимку, скучаючи за теплом свого індійського дому. Він намагався згадати свій старий дім, але з цим виникали проблеми, і він ставав ще сумнішим.

Одного дня, коли Тім намагався згадати своє старе життя, пантера Ліла помітила його. Ліла запитала Тіма, що він робить, і він пояснив, що намагається згадати своє життя бенгальського тигра.

Ліла запропонувала Тіму подивитися на своє відображення у льоду. Вона сказала, що її плями нагадують їй про її африканське походження. Тім помітив, як очі Ліли засвітилися, коли вона згадувала свій дім. Ліла сказала Тіму, що хоча вони з різних місць, вони мали схожість, якісь вуса та гострі кігті.

Тім замислився, чи інші тварини, такі як слони та зебри, також скучають за своїми домами. Ліла запевнила його, що кожна тварина в зоопарку іноді сумує за домом, але в них всіх є унікальні особливості, які нагадують про їхні корені.

Тім почав почуватися краще, усвідомивши, що у нього завжди будуть смуги, які нагадують про його бенгальський дім. Коли настав вечір, Тім зрозумів, що всі тварини були різними, але мали схожі почуття, і він знав, що ніколи не буде самотнім.

A House Made of Candy

Once, a poor man lived in a small town with his two kids, Tom and Sally. They had very little food. His wife told him to leave the kids in the woods so they would have more to eat.

Tom overheard her and collected shiny rocks. When they were left in the woods, Tom dropped the rocks to find their way back. When they returned, the wife was furious. She forced the man to take the kids back into the woods.

This time, Tom dropped bread crumbs. Unfortunately, birds ate the crumbs, and the kids were lost. They found a house made of candy and started eating it. An old woman invited them in, but she was a witch who wanted to eat the kids.

The witch fed the kids lots of food to fatten them up. Tom tricked her by giving her a chicken bone to feel instead of his finger. The witch got tired of waiting and tried to cook Tom. Sally pushed the witch into the oven and locked it.

Sally found gold in the house and freed Tom. They filled their pockets with gold and went home. They found their father, and the stepmother was gone. Tom and Sally were never poor or hungry again.

Будинок з Цукерок

Колись бідний чоловік жив у маленькому містечку зі своїми двома дітьми, Томом та Саллі. Вони мали дуже мало їжі. Його дружина сказала йому залишити дітей у лісі, щоб у них було більше їжі.

Том все почув і зібрав блискучі камінці. Коли їх залишили в лісі, Том кидав камінці, щоб знайти шлях назад. Коли вони повернулися, дружина була розлючена. Вона змусила чоловіка повернути дітей назад у ліс.

Цього разу Том кидав крихти хліба. На жаль, птахи з'їли крихти, і діти загубилися. Вони знайшли будинок з цукерок та почали їсти його. Стара жінка запросила їх всередину, але вона була відьма, яка хотіла з'їсти дітей.

Відьма годувала дітей багатою їжею, щоб потовстіли. Том обдурив її, давши їй кістку від курки відчути замість свого пальця. Відьма втомилася чекати та спробувала приготувати Тома. Саллі штовхнула відьму в піч та закрила її.

Саллі знайшла золото в будинку та визволила Тома. Вони наповнили кишені золотом і пішли додому. Вони знайшли свого батька, а мачуха зникла. Том і Саллі більше ніколи не були бідними чи голодними.

How the Tortoise got his Weird Shell

Once, in a land hit by famine, there was a sly tortoise named Tim and a healthy rabbit named Rob. Tim was curious about how Rob looked so healthy, so he pretended to be sad and gained Rob's sympathy. Rob agreed to help Tim and asked him to meet at a brook after dark.

At night, they went to a clearing in the woods, where Rob sang a song, and a rope came down from the sky. They climbed the rope and found a cloud with a door. Behind the door was Rob's mother, who had a table full of delicious food. Tim ate until he was very full, and they returned home.

The next day, Tim was hungry again and decided to visit Rob's mother without Rob knowing. He sang the same song and started climbing the rope. Rob saw him and told his mother to cut the rope. As she cut it, Tim fell onto a rock, cracking his shell into many pieces, and it would never be smooth again.

Як Черепаха отримала свій Дивний Панцир

Колись, в країні, спустошеній голодом, жила хитра черепаха на ім'я Тім та здоровий кролик на ім'я Роб. Тім був цікаво, як Роб виглядав таким здоровим, тому він вдавав сумного та здобув співчуття Роба. Роб погодився допомогти Тіму та попросив його зустрітися біля струмка після заходу сонця.

Уночі вони пішли на галявину в лісі, де Роб співав пісню, і з неба спустився шнур. Вони залізли на шнур і знайшли хмару з дверима. За дверима була мати Роба, яка мала стіл, сповнений смачною їжею. Тім їв, доки не наївся, і вони повернулися додому.

Наступного дня Тім знову захотів їсти та вирішив відвідати матір Роба, не дозволяючи Робу знати про це. Він заспівав ту саму пісню та почав лазити по шнурі. Роб побачив його і сказав матері перерізати шнур. Коли вона його перерізала, Тім упав на камінь, тріснувши свій панцир на багато частин, і він вже ніколи не стане гладким.

The Farmer and the Horse

Once upon a time, there was a happy farmer named Ben. He worked with his only horse, Gilly, from morning till night. They had enough to eat and sell some vegetables in the town market.

One year, there was no rain and the crops didn't grow. Ben had no money to buy food, so he sold everything in his house for food. He waited for rain to start farming again.

Months passed without rain, and Ben and Gilly were very hungry. Finally, Ben thought he might have to eat Gilly. But seeing Gilly's sad eyes, he felt guilty and apologized. Gilly forgave him.

Suddenly, it rained and the crops grew again. Ben and Gilly worked hard, harvested more crops than ever, and sold them in the town. They had enough money to buy food and were no longer hungry. Ben promised never to eat horse meat again, as Gilly was his friend.

Фермер і Кінь

Давно-давно жив веселий фермер на ім'я Бен. Він працював зі своїм єдиним конем, Гіллі, зранку до вечора. Вони мали достатньо їжі та продавали деякі овочі на міському ринку.

Одного року не було дощу, і врожай не вирос. Бен не мав грошей, щоб купити їжу, тому він продав все у своєму будинку за їжу. Він чекав на дощ, щоб знову почати фермерство.

Місяці проходили без дощу, і Бен та Гіллі були дуже голодні. Нарешті, Бен подумав, що мабуть доведеться їсти Гіллі. Але побачивши сумні очі Гіллі, він почувався винним та пробачився. Гіллі пробачила йому.

Раптом пішов дощ, і врожай знову вирос. Бен і Гіллі наполегливо працювали, зібрали більше врожаю, ніж будь-коли, та продали його в місті. У них було достатньо грошей, щоб купити їжу, і вони більше не голодували. Бен пообіцяв ніколи більше не їсти конячого м'яса, адже Гіллі була його другом.

The Old Man and the Green Bottle

A long time ago, in a faraway land, an old man loved to fish. He fished every day, and when he caught fish, he made some money. Sometimes he caught many fish, but sometimes none.

One day, he pulled up his net, hoping for fish to sell. Instead, he found an old green bottle. He knew he could clean and sell it at the market.

Curious about the bottle, he removed the cork. Suddenly, a magical shape emerged and grew into a giant genie!

The old man was amazed. Instead of granting wishes, the angry genie threatened the old man's life.

But the old man was clever. He said, "I don't believe you were in this tiny bottle! Show me how you fit."

The genie, eager to prove himself, shrank and squeezed back into the bottle.

"What a foolish genie!"

The old man quickly put the cork back in and trapped the genie. He threw the bottle back into the sea, where the genie was fated to drift forever.

Старий Чоловік і Зелена Пляшка

Давним-давно, у далекій країні, жив старий чоловік, який любив рибалити. Він рибалив щодня, і коли він ловив рибу, він заробляв деякі гроші. Інколи він ловив багато риби, а інколи - ані одну.

Одного дня він витягнув свою сіть, сподіваючись на рибу для продажу. Замість цього він знайшов стару зелену пляшку. Він знав, що може почистити й продати її на ринку.

Цікавий пляшці, він вийняв корк. Раптом з'явилася магічна форма і перетворилася на велетенського джина!

Старий чоловік був вражений. Замість того, щоб виконувати бажання, сердитий джин загрожував життю старого чоловіка.

Але старий чоловік був розумним. Він сказав: "Я не вірю, що ти був у цій маленькій пляшці! Покажи мені, як ти туди вміщався."

Джин, прагнучи довести свою правоту, зменшився та знову змістився в пляшку.

"Який дурний джин!"

Старий чоловік швидко закрутив корк назад і впіймав джина. Він кинув пляшку назад у море, де джину судилося вічно дрейфувати.

The Donkey and the Dog

Once, there was a rich farmer who had many donkeys. They helped him work on his land. The farmer also had a dog that he loved and relied on to protect his farm at night.

One day, the farmer was so tired that he went to bed without feeding the dog. The dog was sad and asked the donkey, "What will I do without food? You donkeys can eat grass all day, but I'm starving." The donkey replied, "I'm sure our master will feed you soon."

But the farmer didn't come, and the dog was upset. As night came, the donkey saw a thief approaching the farm. The donkey yelled to the dog, "Start barking loudly so our master wakes up and sees the thief!" The dog replied, "Why should I help him when he forgot to feed me?"

The donkey begged the dog, but it didn't help. Instead, the donkey started making loud noises. Soon, all the donkeys joined in, and the farmer came running.

The farmer saw the thief and chased him away. He then realized he forgot to feed the dog, causing it to be upset. He brought a big bowl of food for the dog and promised to always care for him.

"We must look after our animals as we look after our children," the farmer thought as he patted the dog and went to sleep, knowing the dog would protect the farm at night.

Осел і Собака

Колись жив багатий фермер, який мав багато віслів. Вони допомагали йому працювати на його землі. Фермер також мав собаку, яку він любив і на якій він покладався, щоб захистити свою ферму вночі.

Одного дня фермер був настільки стомлений, що пішов спати, не нагодувавши собаку. Собака була сумною і запитала вісляка: "Що мені робити без їжі? Ви, віслі, можете їсти траву весь день, але я голодний." Осел відповів: "Я впевнений, що наш господар незабаром нагодує тебе."

Але фермер не приходив, і собака була засмучена. Коли настав вечір, осел побачив, що до ферми наближається злодій. Осел крикнув собаці: "Почни голосно гавкати, щоб наш господар прокинувся і побачив злодія!" Собака відповіла: "Чому я маю йому допомагати, коли він забув мене погодувати?"

Осел благав собаку, але це не допомогло. Замість цього осел почав робити гучні звуки. Скоро всі віслі приєдналися, і фермер прибіг.

Фермер побачив злодія і прогнав його. Потім він зрозумів, що забув нагодувати собаку, через що вона розгубилася. Він приніс велику миску їжі для собаки та пообіцяв завжди про неї дбати.

"Ми повинні доглядати за нашими тваринами так, як доглядаємо за нашими дітьми", - подумав фермер, гладячи собаку та йшов спати, знаючи, що собака буде охороняти ферму вночі.

The Smart Bunny

Once upon a time, in a forest, an angry tiger hunted and scared all the animals. The rabbit was the only animal not afraid of the tiger. Wanting to help his friends, the rabbit made a plan.

The rabbit told the animals he would make the woods safe again. The animals were doubtful but let him try. The rabbit went to the tiger and told him there was an even bigger tiger in the forest. The tiger was angry and demanded to see the other tiger.

The rabbit led the tiger to a deep well in the forest, claiming the bigger tiger lived there. The tiger looked into the well, saw his reflection, and thought it was the other tiger.

The rabbit tricked the tiger into jumping into the well to fight the "bigger" tiger. The tiger was stuck, unable to escape.

The rabbit returned to the animals, telling them the forest was safe now. The animals celebrated, grateful for the smart bunny who saved them from the angry tiger.

Розумний Зайчик

Давно, у лісі, злий тигр полював і лякає усіх тварин. Заєць був єдиним тварином, який не боявся тигра. Бажаючи допомогти своїм друзям, заєць склав план.

Заєць сказав тваринам, що він зробить ліс безпечним знову. Тварини були сумнівні, але дозволили йому спробувати. Заєць пішов до тигра і сказав йому, що в лісі є ще більший тигр. Тигр розлютився і вимагав побачити іншого тигра.

Заєць завів тигра до глибокої криниці в лісі, стверджуючи, що там живе більший тигр. Тигр подивився у криницю, побачив своє відображення і подумав, що це інший тигр.

Заєць обдурив тигра, змусивши його стрибнути в криницю, щоб воювати з "більшим" тигром. Тигр застряг, не здатний вирватися.

Заєць повернувся до тварин, розповідаючи, що тепер ліс безпечний. Тварини святкували, вдячні розумному зайчикові, який врятував їх від злого тигра.

The Blackbird Family

Once upon a time, a blackbird family lived happily. They moved to Milan with their three chicks and built a nest in a tall tree in a palace garden. The chicks had white feathers, while their parents had black plumage.

During a freezing winter, the family nested under the eaves of a house to stay safe. The father bird searched for food all day, but only found ice and snow. Kind people sometimes gave them crumbs.

When it got colder, the father bird flew south to find a warmer place. Meanwhile, the mother bird moved the nest near a smoking chimney to keep the chicks warm. The cold lasted three days.

When the father bird returned, his family had turned black from the chimney soot. From then on, blackbirds were born black, and white ones became a legend.

In Milan, the last three days of January, the coldest days, are called "the days of the blackbird" to remember the brave blackbird family.

Сім'я Косів

Давно, сім'я косів жила щасливо. Вони переїхали до Мілана зі своїми трьома пташенятами і побудували гніздо на високому дереві в саду палацу. Пташенята мали біле пір'я, тоді як їхні батьки мали чорне оперення.

Під час морозної зими, сім'я зайняла гніздо під стріхою будинку, щоби бути в безпеці. Батько-кос шукав їжу весь день, але знайшов лише лід і сніг. Добрі люди іноді давали їм крихти.

Коли стало ще холодніше, батько-кос полетів на південь, щоб знайти тепліше місце. Тим часом, мати-кос перенесла гніздо біля димаря, щоб зігріти пташенят. Холод тривав три дні.

Коли батько-кос повернувся, його сім'я стала чорною від сажі з димаря. Відтоді коси народжувалися чорними, а білі стали легендою.

У Мілані, останні три дні січня, найхолодніші дні, називають "днями косів" на пам'ять про хоробру сім'ю косів.

The Little Gardener

Sally was a ten-year-old girl who lived in a small town. Her parents grew vegetables in their garden. Sometimes they had extra vegetables and gave them to their neighbors.

One day, Sally's dad asked her to take some vegetables to Mrs. Brown, an old lady living alone nearby.

On the way, Sally thought about selling the vegetables and using the money to buy seeds. She would grow more plants, sell the vegetables, and eventually have her own garden.

Then she could afford a nice house and fancy clothes.

Sally was so busy thinking that she didn't see a big rock on the path. She tripped, and the vegetables scattered everywhere.

In an instant, Sally's dreams of having her own garden vanished. She had no vegetables to sell and couldn't buy seeds. Her plans were ruined. Sally felt sad and cried.

On her way back, Sally realized she should have paid attention to her path instead of daydreaming.

Sally learned that to achieve our goals, we need to focus on overcoming obstacles in our way.

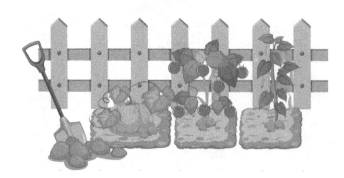

Маленький Садівник

Саллі - десятирічна дівчинка, яка жила в маленькому містечку. Її батьки вирощували овочі у своєму саду. Іноді у них було зайве овочі, і вони дарували їх своїм сусідам.

Одного дня тато Саллі попросив її віднести деякі овочі пані Браун, старій жінці, яка жила поряд самоті.

У дорозі Саллі подумала про продаж овочів і використання грошей для купівлі насіння. Вона вирощувала більше рослин, продавала овочі і, врешті-решт, мала б свій власний сад.

Тоді вона могла б дозволити собі гарний будинок і вишуканий одяг.

Саллі настільки зайнята думками, що не побачила великого каменя на стежці. Вона спіткнулась, і овочі розлетілися скрізь.

В одну мить мрії Саллі про власний сад зникли. У неї не було овочів на продаж і не могла купити насіння. Її плани руйнувалися. Саллі сумно плакала.

У дорозі назад Саллі зрозуміла, що їй слід було зосередитись на своєму шляху, а не мріяти на ходу.

Саллі зрозуміла, що для досягнення своїх цілей нам потрібно зосередитись на подоланні перешкод на нашому шляху.

Tiny Bird and Raven

One day, Tiny Bird invited Raven for a meal. She prepared the food and waited for Raven to come. Time passed, but Raven didn't show up. Tiny Bird called out, asking where Raven was.

Raven said he'd come after finishing his bath and putting on his red shoes. Tiny Bird waited, but Raven still didn't come. Tiny Bird grew hungry and decided to eat the meal alone. She ate everything, leaving nothing for Raven.

Worried Raven might eat her if he found no food, Tiny Bird hid in the kitchen. Suddenly, Raven arrived and asked for his meal. He discovered the empty pot and grew angry.

Raven threatened to hit Tiny Bird with a hot spoon if she didn't come out. Tiny Bird, scared, revealed herself. Raven didn't hit her but scolded her for not leaving any food for him.

Feeling guilty, Tiny Bird promised never to eat before guests arrived and always to mean what she said.

Дрібний Пташок і Ворон

Одного дня Дрібний Пташок запросив Ворона на обід. Вона приготувала їжу і чекала, коли прийде Ворон. Час минав, але Ворона не з'являвся. Дрібний Пташок викликав, питаючись, де Ворон.

Ворон відповів, що прийде після того, як закінчить купатися і одягне свої червоні черевики. Дрібний Пташок чекав, але Ворона все ще не приходив. Дрібний Пташок захотів їсти і вирішив поїсти обід сам. Він з'їв все, не залишивши нічого для Ворона.

Турбуючись, що Ворон може з'їсти її, якщо не знайде їжі, Дрібний Пташок сховався в кухні. Раптом Ворон прибув і попросив свій обід. Він виявив порожній горщик і розгнівався.

Ворон погрожував вдарити Дрібного Пташка гарячою ложкою, якщо той не вийде. Дрібний Пташок, наляканий, виявився. Ворон не вдарив його, але відругав за те, що не залишив для нього їжі.

Почуваючись винним, Дрібний Пташок пообіцяв ніколи не їсти до приходу гостей та завжди дотримуватися своїх слів.

Eight Magical Trees

Once, a great king with seven wives ruled a kingdom. He was kind and generous, but he didn't have an heir, making him sad. The youngest and most beautiful queen got pregnant, causing a celebration. The older queens grew jealous as the king favored the younger queen more.

To the king's surprise, the youngest queen gave birth to eight babies: seven boys and a girl. The jealous queens devised a horrible plan. They killed the babies, buried them in the palace garden, and replaced them with puppies and a kitten. They accused the youngest queen of witchcraft and had her banished.

Years later, seven Champa trees and a Parul tree grew from the spot where the babies were buried. When the king tried to pluck their flowers, he heard a voice asking to bring the banished queen back. The king did as asked and the queen plucked the flowers from the trees.

Each time she plucked a flower, a child emerged and reunited with their mother. The king discovered the older queens' evil plot and imprisoned them for life. The youngest queen, the king, and their eight children lived happily ever after, teaching the people that envy and wrongdoing never bring good.

Вісім чарівних дерев

Колись великий король із сімома дружинами правив королівством. Він був добрий і щедрий, але не мав наступника, через що був сумний. Наймолодша і найгарніша королева завагітніла, що стало причиною святкування. Старші королеви заздріли, оскільки король більше уважав на молоду королеву.

На диво королеві, наймолодша королева народила вісім дітей: семеро хлопчиків і дівчинку. Заздрісні королеви задумали жахливий план. Вони вбили малюків, поховали їх у саду палацу та замінили їх на цуценят та кошеня. Вони звинуватили молоду королеву в чаклунстві і вигнали її.

Через кілька років на місці, де були поховані малюки, виросло сім дерев Чампа та одне дерево Парул. Коли король спробував зірвати квіти з цих дерев, він почув голос, що просив повернути вигнану королеву. Король зробив, як попросили, і королева зірвала квіти з дерев.

Щоразу, коли вона зривала квітку, з'являлася дитина і знову об'єднувалася зі своєю матір'ю. Король виявив злодійський план старших королев і ув'язнив їх на все життя. Наймолодша королева, король та їхні вісім дітей жили довго і щасливо, навчаючи людей, що заздрість та злочин не приносять добра.

Tough Times

When the war began, I was very young. I remember it was frightening, with everyone worried and unsure. My mom said we needed to leave our home and cross the border to be safe until the war ended.

My mom was pregnant, and my dad wasn't around. She had to care for my sisters and me. We were scared, hearing stories about the border, but my mom insisted we needed to go.

While crossing the border, it was chaotic, and we lost sight of my older sister. My aunt found her just in time, and we all crossed together. We stayed with family in Macedonia until the war ended and later moved back home.

When I was eight, my mom said we were moving to England for a better future. At first, I didn't like the idea, but once there, I enjoyed it. School in England was different, with more opportunities.

I've made friends from various countries in my school, and I don't feel different because I'm from Albania. This story is about accepting change and seeing the good that can come from it. It's about the opportunities life offers after surviving hard times and looking forward to the future.

Важкі часи

Коли почалася війна, я був дуже молодий. Я пам'ятаю, що це було страшно, всі хвилювалися і ніхто не був впевнений. Моя мама сказала, що нам потрібно покинути наш дім і перетнути кордон, щоб бути в безпеці до закінчення війни.

Моя мама була вагітна, і мого тата не було поряд. Вона доглядала за моїми сестрами та мною. Нас лякали історії про кордон, але мама наполягала, що нам потрібно йти.

Під час перетину кордону було хаотично, і ми втратили з виду мою старшу сестру. Моя тітка знайшла її вчасно, і ми всі разом перетнули кордон. Ми проживали з родиною в Македонії до закінчення війни, а потім повернулися додому.

Коли мені виповнилося вісім, мама сказала, що ми переїжджаємо до Англії за кращим майбутнім. Спочатку мені ця ідея не дуже подобалася, але коли ми туди прибули, мені стало подобатися. Школа в Англії відрізнялася, пропонуючи більше можливостей.

Я знайомлюся з друзями з різних країн у своїй школі, і я не відчуваю себе іншим, тому що я з Албанії. Ця історія про те, як прийняти зміни та побачити добро, яке може з них випливати. Це про можливості, які життя пропонує після виживання важких часів та сподівання на краще майбутнє.

John and the Little Squirrel

Once in a small town in Turkey, a mother lived with her son, named John. They were very poor, and each day John went to the woods to find food.

One day, while looking for mushrooms, he heard a girl crying. He found a little squirrel, comforted it, and they became friends. John told the squirrel about their poverty, and the squirrel promised to help.

The squirrel led him to a cliff, and at the bottom, he would find the Grouse Queen, who would ask three questions. The squirrel whispered the answers, then left. John climbed down and answered the Grouse Queen's questions. He received a pot of gold as a prize.

When he found the squirrel again, it was sad. It had been a princess until the Grouse Queen turned her into a squirrel. To break the spell, she needed a drop of the green water from a dragon's cave. John bravely fought the dragon guarding the cave, got the green water, and gave it to the squirrel. She turned back into a princess.

The princess's father, the sultan, thanked John and promised him a good life. John returned home with the gold and gifts for his mother, ensuring they would never be poor again.

Джон і маленька білочка

Одного разу в маленькому містечку в Туреччині жила мати зі своїм сином на ім'я Джон. Вони були дуже бідні, і щодня Джон ходив до лісу, щоб знайти їжу.

Одного дня, шукаючи грибів, він почув, як дівчина плаче. Він знайшов маленьку білочку, потішив її, і вони стали друзями. Джон розповів білочці про їхню бідність, і білочка пообіцяла допомогти.

Білочка привела його до утісу, і на дні він зустріне Куропатку-королеву, яка поставить три запитання. Білочка промовила відповіді нашіпки, а потім пішла. Джон зійшов вниз і відповів на питання Куропатки-королеви. Він отримав горщик золота як нагороду.

Коли він знову знайшов білочку, вона була сумною. Вона була принцесою, поки Куропатка-королева не перетворила її на білочку. Щоб зламати закляття, їй потрібна була крапля зеленої води з печери дракона. Джон хоробро відбився від дракона, що охороняв печеру, дістав зелену воду та передав її білочці. Вона повернулася в принцесу.

Батько принцеси, султан, подякував Джону і пообіцяв йому гарне життя. Джон повернувся додому зі золотом та подарунками для своєї матері, гарантуючи, що вони більше ніколи не будуть бідними.

The Story of the Girl with Long Hair

Once, in a town at the base of Mount Du, lived a kind-hearted girl with beautiful long hair. The towners, struggling with drought, had to travel far for water, often facing danger.

The girl, nicknamed "Long Hair," was well-liked for sharing her water with a banyan tree. One day, while looking for plants on Mount Du, she discovered a huge radish. When she pulled it out, water flowed from the ground. A demon appeared, claiming the water and threatening her life if she shared its location.

Long Hair wrestled with her dilemma, her hair changing colors from the stress. One day, she saw an old man in danger searching for water and decided to reveal the water source. The demon, enraged, demanded Long Hair drown in the water in exchange for the towners' access.

Before she did so, the banyan god appeared, offering help. He created a stone replica of Long Hair, using her hair to make it convincing. The stone girl was placed under the water, tricking the demon.

From then on, "Long Hair" lived happily with her fellow towners.

Історія дівчини з довгим волоссям

Колись у містечку біля підніжжя гори Ду жила добродушна дівчина з прекрасним довгим волоссям. Місцеві жителі змушені були шукати воду далеко від дому через посуху, часто зіткнувшись з небезпекою.

Дівчина, яку прозвали "Довге Волосся", була дуже люба, адже ділилась своєю водою з деревом баньян. Одного дня, шукаючи рослини на горі Ду, вона знайшла величезний редис. Коли вона витягла його, з землі потекла вода. З'явився демон, претендуючи на воду і погрожуючи їй смертю, якщо вона розкриє його місцезнаходження.

Довге Волосся боролася зі своїм розпачем, і її волосся змінювало колір від стресу. Одного дня вона побачила старого чоловіка в небезпеці, який шукав воду, і вирішила розкрити джерело води. Демон, розлючений, вимагав, щоб Довге Волосся потонула в воді, як обмін на доступ до води для містян.

Перш ніж вона зробила це, з'явився бог баньяну і запропонував допомогу. Він створив кам'яну репліку Довгого Волосся, використовуючи її волосся, щоб зробити її переконливою. Кам'яну дівчину поклали під воду, обдуривши демона.

Відтоді "Довге Волосся" щасливо жила серед своїх співміських.

Painful Experiences

Owl peeked out from her tree hollow and saw Dove holding a wheel of cheese. Soon, Fox approached, flattered Dove, and tricked him into dropping the cheese. The fox took the cheese and left, while Dove felt foolish.

Owl then saw a grasshopper begging an ant for food. The grasshopper had spent the summer singing instead of gathering food. The ant, who had worked hard, refused to help and shut the door on the grasshopper, hoping it would teach her a lesson about preparing for the future.

Owl returned to her hollow, pondering how life's lessons are often learned through painful experiences rather than advice. She hoped that one day, the wood creatures would accept good advice and not have to learn lessons the hard way.

Болісні досвіди

Сова заглянула зі своєї дупла в дереві і побачила Голуба, який тримав у дзьобі колесо сиру. Незабаром підійшов Лис, підлащувався до Голуба і обманув його, змусивши його випустити сир. Лис забрав сир і пішов, а Голуб почувався дурним.

Потім Сова побачила, як кобилка благала мурашку дати їй їжі. Кобилка провела літо, співаючи, замість того, щоб збирати їжу. Мурашка, яка наполегливо працювала, відмовила допомогти і зачинила двері перед кобилкою, сподіваючись, що це навчить її уроку про підготовку до майбутнього.

Сова повернулася у своє дупло, роздумуючи про те, як уроки життя часто вивчаються через болісні досвіди, а не завдяки порадам. Вона сподівалася, що одного дня лісові істоти приймуть добрі поради і не доведеться їм вчити уроки важким шляхом.

The Mermaid

Long ago, at the bottom of the sea, there lived a lovely princess named Lila. Her underwater palace was made of glowing stones, making the water around it shine brightly.

Lila loved to explore, but her father, the powerful sea king, told her never to swim towards the shore. Despite his warning, one day Lila swam to the surface, lured by the sun's glimmering rays.

At the surface, Lila met a young fisherman. They fell in love at first sight, but the sea king became angry. He created a fierce storm, putting the fisherman in danger. Lila used her strength to save him, pushing his boat to safety.

Her actions enraged her father even more. He turned Lila into seafoam and destroyed her palace.

Now, when the waves brush the shore, you can see the seafoam and sometimes find glowing stones on the beach. These are reminders of Princess Lila and her underwater palace.

Русалка

Давно, на дні моря, жила чарівна принцеса на ім'я Ліла. Її підводний палац був зроблений зі світлових каменів, які змушували воду навколо нього яскраво сяяти.

Ліла любила досліджувати, але її батько, потужний король морів, наказав їй ніколи не плавати до берега. Незважаючи на його попередження, одного дня Ліла виплила на поверхню, приманена мерехтливими промінннями сонця.

На поверхні Ліла зустріла молодого рибалку. Вони закохалися одне в одного з першого погляду, але король морів розгнівався. Він створив жорстоку бурю, яка загрожувала рибалці. Ліла використала свою силу, щоб врятувати його, відштовхуючи його човен у безпечне місце.

Це ще більше розгнівало її батька. Він перетворив Лілу на морську піну та зруйнував її палац.

Тепер, коли хвилі торкаються берега, можна побачити морську піну та іноді знайти світлові камені на пляжі. Це нагадування про принцесу Лілу та її підводний палац.

The Woman that Wants Three Men

A long time ago, in Spain, a merchant had a smart and determined daughter. He found her three possible husbands, and she had to pick one.

"I want all three," she said.

Her father disagreed, so he sent the men on a quest to find the rarest object they could, and she would choose based on their gifts.

The first man found a magical mirror that showed anyone, no matter how far away. The second man found magical oil that could bring the dead back to life. The third man found a boat that could travel anywhere in the world quickly.

When they reunited, the first man saw the daughter dead in her coffin using the mirror. They quickly used the oil and boat to bring her back to life.

Her father, overjoyed, told her what they had done. She smiled and said, "This is why I'll marry all three of them!"

Жінка, яка хоче трьох чоловіків

Давно, в Іспанії, у купця була розумна та вперта дочка. Він знайшов для неї трьох можливих чоловіків, і вона мала вибрати одного.

"Я хочу всіх трьох," - сказала вона.

Її батько не погодився, тому він відправив чоловіків у пошуки найредкіснішого предмета, який вони могли знайти, і вона обирала б на основі їхніх подарунків.

Перший чоловік знайшов магічне дзеркало, яке показувало будь-кого, незалежно від відстані. Другий чоловік знайшов магічну олію, яка могла повернути мерців до життя. Третій чоловік знайшов човен, який міг швидко подорожувати будь-куди у світі.

Коли вони знову зустрілися, перший чоловік побачив дочку мертвою в її гробі, використовуючи дзеркало. Вони швидко використали олію та човен, щоб повернути її до життя.

Її батько, щасливий, розповів їй про те, що вони зробили. Вона посміхнулася і сказала: "Ось чому я вийду заміж за всіх трьох!"

The Dreaming Girl

Once, a girl lived with her parents, who decided it was time for her to marry. While they went to find a husband, the girl daydreamed about her future children, naming them Mulak, Jahaan, Dhesh, and Lutdi.

Standing on her rooftop, she called out their names. The towners, misunderstanding her words, thought she was in danger and ran to help. In Punjabi, her words sounded like "people," "land," and "I am being attacked!"

Coincidentally, thieves were trying to break into her house, but seeing the towners coming, they fled. A wise man explained how her daydream had unintentionally saved her from the thieves. The towners agreed that daydreaming can be good.

The girl married, had children, and always told them that dreams can lead to amazing things.

Дівчина, яка мріяла

Колись дівчина жила зі своїми батьками, які вирішили, що настав час для її одруження. Поки вони шукали чоловіка, дівчина мріяла про своїх майбутніх дітей, називаючи їх Мулак, Джахан, Дхеш та Лутді.

Стала на даху, вона вигукнула їхні імена. Місцеві жителі, неправильно розуміючи її слова, подумали, що їй загрожує небезпека, і побігли на допомогу. На панджабі її слова звучали як "люди", "земля" і "мене нападають!"

Випадково злодії намагалися проникнути до її будинку, але, побачивши, що місцеві жителі йдуть на допомогу, вони зникли. Мудрий чоловік пояснив, як її мрія ненавмисно врятувала її від злодіїв. Жителі погодилися, що мріяти може бути корисно.

Дівчина одружилася, народила дітей і завжди розповідала їм, що мрії можуть призвести до чудових речей.

The Two Brothers and the Magical Bird

Once, there were two brothers. The older one was greedy, and the younger was kind-hearted. When their father died, the older brother took everything, leaving the younger one with only a basket and a hatchet to chop wood.

One day, the younger brother met a magical bird that offered to take him to the Island of the Sun for one gold piece. He agreed and returned home with the gold, bought a small farm, and lived happily.

The jealous older brother demanded to know his secret. The younger brother told him, and the older brother went to the mountain, met the magical bird, and asked for gold. The bird took him to the Island of the Sun, where he greedily filled his basket with gold.

But when he looked up, the bird had flown away, leaving him stranded. The younger brother inherited the older brother's land and shared his wealth with the community.

Два брати та чарівний птах

Колись були два брати. Старший був жадібним, а молодший - добрим на серці. Коли їх батько помер, старший брат забрав усе, залишивши молодшому лише кошик і сокиру для рубання дров.

Одного дня молодший брат зустрів чарівного птаха, який запропонував відправитись до нього на Острів Сонця за одну золоту монету. Він погодився і повернувся додому зі златом, купив невелике господарство і жив щасливо.

Заздрісний старший брат вимагав знати його таємницю. Молодший брат розповів йому, і старший брат пішов до гори, зустрів чарівного птаха та попросив золота. Птах відправив його на Острів Сонця, де він жадібно наповнив свій кошик золотом.

Але коли він підняв очі, птах відлетів, залишивши його на острові. Молодший брат успадкував землю старшого брата та ділився своїм багатством з громадою.

The Tale of the Giant Trees

In a dense forest, Giant Trees provided fresh air. Adao and his friends decided to cut trees for money, cutting one tree each month and planting two in return. However, Adao's friends grew greedy and cut more trees. Adao was sad, but they didn't listen.

One night, a mysterious voice warned of punishment. The next day, a storm destroyed their cabin and injured one friend. The scared friends ran away, but Adao stayed to plant more trees. When the storm stopped, Adao found his cabin rebuilt, with a warm meal waiting. He promised to continue planting trees and only cut one per month.

Adao lived for a hundred years, and his spirit joined the Giant Trees to protect the forest. As years passed, the forest flourished, and Adao's legacy spread. A young boy named João learned from Adao and continued his work. The tale of Adao and the Giant Trees became a symbol of hope, teaching the importance of preserving and respecting nature.

Казка про велетенські дерева

У густому лісі Велетенські Дерева забезпечували свіжим повітрям. Адао та його друзі вирішили заробляти гроші, рубаючи дерева, зрубуючи одне дерево на місяць і, у відповідь, саджаючи два. Проте друзі Адао стали жадібними та зрубали більше дерев. Адао був сумний, але вони не слухали його.

Одного вечора таємничий голос попередив про кару. Наступного дня буря зруйнувала їхню хатку і поранила одного друга. Налякані друзі втекли, але Адао залишився, щоб посадити більше дерев. Коли буря припинилась, Адао знайшов свою хатку відбудованою, а на столі чекав теплий обід. Він пообіцяв продовжувати садити дерева і рубати лише одне на місяць.

Адао прожив сто років, і його дух приєднався до Велетенських Дерев, щоб захищати ліс. З годами ліс процвітав, а спадщина Адао поширилася. Юний хлопчик на ім'я Жуан вчився від Адао і продовжував його справу. Казка про Адао та Велетенські Дерева стала символом надії, навчаючи важливості збереження та поваги до природи.

The Bear and the Rabbit

Once, a bear always bragged about his strength and courage. "I'm the strongest and bravest in the woods," he claimed. But he was scared of mice and didn't want others to know.

A quiet rabbit lived nearby. He didn't boast because he didn't think he was strong or smart. The bear often teased the rabbit for being timid. The rabbit thought, "I may be quiet, but I have friends and don't judge others."

One day, the rabbit heard the bear yelling for help. He found the bear hanging on a tree branch, scared of a family of mice below. The rabbit gently shooed the mice away, and the bear climbed down.

"Why are you scared of mice?" asked the rabbit.

"They're slimy and dirty," said the bear.

"That's not true," replied the rabbit. "You can't judge them without talking to them."

The bear admitted he never spoke to the mice and realized he was wrong. "You're brave and strong, maybe the strongest in the woods," said the bear.

The rabbit thanked him, but knew it wasn't true. They laughed together, and the bear learned not to judge others by their looks. The bear and the rabbit became good friends.

Ведмідь та Зайчик

Колись ведмідь завжди хвалився своєю силою та мужністю. "Я найсильніший і найсміливіший у лісі", - говорив він. Але він боявся мишей і не хотів, щоб інші знали про це.

Поблизу жив тихий зайчик. Він не хизувався, бо не вважав себе сильним або розумним. Ведмідь часто дражнив зайчика за його боязкість. Зайчик думав: "Можливо, я тихий, але у мене є друзі, і я не засуджую інших".

Одного дня зайчик почув, як ведмідь кричить про допомогу. Він знайшов ведмедя, який висів на гілці дерева, наляканий сім'єю мишей, що були знизу. Зайчик м'яко розігнав мишей, і ведмідь спустився вниз.

"Чому ти боїшся мишей?" - запитав зайчик.

"Вони слизькі та брудні", - сказав ведмідь.

"Це не правда", - відповів зайчик. "Ти не можеш судити про них, не розмовляючи з ними".

Ведмідь визнав, що ніколи не розмовляв з мишами, і зрозумів, що він помилявся. "Ти сміливий і сильний, можливо, найсильніший у лісі", - сказав ведмідь.

Зайчик подякував йому, але знав, що це не правда. Вони сміялися разом, і ведмідь навчився не судити інших за їхній зовнішній вигляд. Ведмідь та зайчик стали добрими друзями.

The Rainbow Snake

Long ago, a group of people went hunting. They got tired and stopped to rest. As they sat around the fire, one of them saw a beautiful, colorful arch in the sky: a rainbow. They thought it was a giant snake moving between waterholes and were scared, but they were thankful it didn't come too close to their camp.

One curious young man asked the tribe's elders why everyone was afraid of the rainbow snake. The elders explained that the snake was a powerful Dreamtime creature that shaped the Earth. When it moved, its body created mountains, valleys, and rivers. Tired from shaping the Earth, the snake rested in a waterhole, hiding in the water.

The animals and people knew the snake was there, so they were careful not to disturb the water. The rainbow snake only came out after heavy rain when its waterhole was disturbed, and the sun touched its colorful body. It would then travel to another waterhole.

The people were afraid that the snake would become angry and change the land again, so they stayed quiet and still as it moved. That's why people are still careful not to disturb the rainbow snake as it moves across the sky, from one waterhole to another.

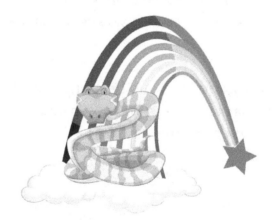

Веселкова Змія

Давним-давно група людей пішла на полювання. Вони втомилися і зупинилися відпочити. Сидячи навколо багаття, один з них побачив прекрасну, яскраву дугу на небі - веселку. Вони подумали, що це величезна змія, яка пересувається між водоймами, і налякалися, але були вдячні, що вона не наближалася занадто близько до їхнього табору.

Один цікавий молодий чоловік запитав старших племені, чому всі бояться веселкової змії. Старійшини пояснили, що змія є потужною істотою Часу Мрій, яка формувала Землю. Коли вона рухалася, її тіло створювало гори, долини та ріки. Втомившись від формування Землі, змія відпочивала у водоймі, ховаючись у воді.

Тварини та люди знали, що змія там, тому вони були обережні і не турбували воду. Веселкова змія виходила лише після сильного дощу, коли її водойма була збуджена, і сонце торкалося її кольорового тіла. Вона тоді переїжджала до іншої водойми.

Люди боялися, що змія розлютиться і знову змінить землю, тому вони сиділи тихо і нерухомо, коли вона рухалася. Ось чому люди досі обережні і не турбують веселкову змію, коли вона пересувається по небу від однієї водойми до іншої.

The Injured Lion

Once upon a time, a poor girl took care of cows for her town. One day, she heard a sad sound and found a lion with a thorn in its paw. Scared but kind, she removed the thorn. The lion thanked her, but when she returned to the cows, they were gone.

The town farmer was angry and made her take care of the sheep instead. A year later, she found the same lion with a thorn again. She helped it, but the sheep disappeared too. The farmer made her look after pigs.

Another year passed, and she found the lion with a thorn for a third time. The pigs disappeared too. Determined to solve the mystery, she saw a young man vanish near a rock and a lion appear later.

The girl found a secret entrance in the rock and met the young man inside a big house. He said he was cursed to be a lion by day and a man by night. A wizard who lived in the house took her animals because she helped the lion.

The brave girl confronted the wizard, who agreed to lift the curse if she made a coat from a princess's hair. She got the princess's hair by promising to find her a prince. She made the coat, and the wizard lifted the curse.

The young man and princess married and had a child who would be king. The brave girl went on to have more adventures, saved for another day.

Поранений Лев

Давно-давно бідна дівчина доглядала корів для свого міста. Одного дня вона почула сумний звук та знайшла лева зі шпилькою в лапі. Налякана, але добра, вона вийняла шпильку. Лев подякував їй, але коли вона повернулася до корів, їх вже не було.

Фермер міста розлютився і зробив так, що вона відтепер доглядала овець. Рік потому вона знайшла того самого лева зі шпилькою знову. Вона допомогла йому, але і овець також зникло. Фермер змусив її доглядати свиней.

Ще один рік минув, і вона знайшла лева зі шпилькою втретє. Свині теж зникли. Вирішивши розгадати таємницю, дівчина побачила, як біля скелі зникає молодий чоловік, а потім з'являється лев.

Дівчина знайшла таємний вхід у скелю і зустріла молодого чоловіка великому будинку. Він сказав, що його зачарували, і він став левом удень, а вночі - людиною. Чаклун, який жив у будинку, забрав її тварин, тому що вона допомогла леву.

Смілива дівчина виступила проти чаклуна, який погодився зняти прокляття, якщо вона зробить пальто з волосся принцеси. Вона отримала волосся принцеси, обіцяючи знайти їй принца. Вона зробила пальто, і чаклун зняв прокляття.

Молодий чоловік і принцеса одружилися та мали дитину, яка стала королем. Смілива дівчина продовжувала свої пригоди, які збереглися на інший день.

Two Brothers and the Magic Seed

Long ago in Korea, two brothers lived with their father. The younger brother was kind, while the older one was arrogant. Their father always reminded them, "What you plant, you will eat." When he died, he asked them to share the land, but the older brother took everything and left the younger one with nothing.

The younger brother found some unwanted land, planted rice, and built a small house. When his rice crop failed, he asked his older brother for help but was turned away. One day, he saved a baby swallow from a snake. Later, the swallow dropped a seed that grew into a vine with melons full of gold coins.

The younger brother's family became rich, and the older brother was jealous. He tried to find a magic bird, but found one with a broken leg. When the bird healed, it dropped a seed that grew melons, but they were filled with harmful creatures that destroyed the older brother's house and farm.

The elder brother became poor and wandered until he met his younger brother, who offered to work together as their father wanted. They worked hard, shared everything, and remembered that "What you plant, you will eat."

Два Брати та Магічне Зернятко

Давно-давно в Кореї жили два брати зі своїм батьком. Молодший брат був добрий, а старший - зарозумілий. Батько завжди нагадував їм: "Що посієш, те й з'їсиш." Коли він помер, він попросив їх розділити землю, але старший брат забрав усе і не залишив молодшому нічого.

Молодший брат знайшов кілька непотрібних земель, посадив рис і побудував маленький будинок. Коли його врожай рису зіпсувався, він попросив старшого брата допомогти, але той відмовився. Одного дня він врятував маленького ластівченя від змії. Пізніше ластівка скинула зернятко, з якого виросла лоза з динями, сповненими золотими монетами.

Сім'я молодшого брата розбагатіла, і старший брат заздрів. Він намагався знайти чарівного птаха, але знайшов тільки птаха з поламаною ногою. Коли птах одужав, він скинув зернятко, з якого виросли дині, але вони були сповнені шкідливими істотами, які знищили будинок і ферму старшого брата.

Старший брат збіднів і блукав, поки не зустрів свого молодшого брата, який запропонував працювати разом, як хотів їх батько. Вони наполегливо працювали, ділили все і пам'ятали, що "що посієш, те й з'їсиш".

The Wind and the Sun

One day, a proud wind told the sun, "I'm the strongest of all weather!" The sun replied, "All weather can be strong."

The wind disagreed and suggested a contest: whoever made people take off more clothes would be the strongest. Sun agreed and let the wind go first. The wind blew hard, making hats fly and people hold their jackets tightly. After causing chaos, the wind hadn't made people lose their clothes.

Next, the sun warmed the Earth, and people started taking off shoes, socks, shirts, and jackets. Some even removed their pants to stay cool.

Seeing the sun's success, the wind became angry and changed the weather back to windy. People quickly put their clothes on and went inside. The wind couldn't believe the sun had won.

The other weather types cheered for the sun, but the sun stopped them, explaining that all weather was important and worked together to create seasons, help plants grow, and provide light and shade.

The sun shared the victory with the wind, teaching that everyone is different, and teamwork is important. From then on, all weather types worked together, appreciating each other's strengths.

Вітер та Сонце

Одного дня гордий вітер сказав сонцю: "Я найсильніший з усіх погодних явищ!" Сонце відповіло: "Вся погода може бути сильною."

Вітер не погодився і запропонував змагання: хто змусить людей зняти більше одягу, буде вважатися найсильнішим. Сонце погодилось і дало вітру почати першим. Вітер дуже дув, зривав капелюхи, а люди кріпко тримали свої куртки. Не зважаючи на хаос, вітер не зміг змусити людей роздягнутися.

Потім сонце зігріло Землю, і люди почали знімати взуття, шкарпетки, сорочки та куртки. Дехто навіть знімав штани, щоб зменшити спеку.

Бачачи успіх сонця, вітер розлютився і змінив погоду назад на вітряну. Люди швидко одяглися й увійшли до приміщень. Вітер не міг повірити, що сонце перемогло.

Інші погодні явища вітали сонце, але сонце зупинило їх, пояснюючи, що всі погодні явища важливі та працюють разом, щоб створити пори року, допомагати рослинам рости та забезпечувати світло та тінь.

Сонце поділило перемогу з вітром, навчаючи, що кожен є різним, а співпраця важлива. З того часу всі погодні явища працювали разом, цінуючи сили один одного.

The Turtle and the Bunny

Once, there was a cheerful bunny named Tim and a calm turtle named George. Tim the bunny loved to run around quickly, while George the turtle enjoyed eating his food slowly. One day, they had a disagreement. "I'm the fastest animal ever," said Tim. "I'm faster than a cheetah, a kangaroo, and even other bunnies!"

"Stop bragging," sighed George. "You'll end up in trouble."

Ignoring George, Tim insisted on a race to prove his speed. George agreed, and they asked Oliver, the wise old owl, to organize the race.

The next day, all the animals gathered to watch the race. "Ready, set, go!" said Oliver. Tim the bunny sped away, while George the turtle began his slow journey.

Tim was so far ahead that he decided to take a nap. George, however, kept going at his slow pace, passing landmarks and eventually overtaking the sleeping Tim. George reached the finish line, and all the animals cheered for him.

The noise woke Tim, who quickly ran to the finish line, only to find George wearing a winner's medal. Tim couldn't believe it and accused George of cheating.

"No cheating," said Oliver the wise old owl. "George won fairly. He kept going, never giving up, and finished first." Tim felt sad, but George tried to cheer him up. "It's just a race, Tim. Let's stay friends, and I'm sure you'll win next time."

From then on, they remained best friends, and Tim the bunny never bragged again.

Черепаха та Зайчик

Одного разу були веселий зайчик на ім'я Тім та спокійна черепаха на ім'я Джордж. Тім-зайчик любив швидко бігати, а Джордж-черепаха насолоджувався повільним їжу. Одного дня вони посварилися. "Я найшвидша тварина на світі", - сказав Тім. "Я швидший за гепарда, кенгуру і навіть інших зайців!"

"Не хвалися", зітхнув Джордж. "Ти потрапиш у неприємності."

Не звертаючи уваги на Джорджа, Тім наполягав на гонці, щоб довести свою швидкість. Джордж погодився, і вони попросили Олівера, мудру сову, організувати гонку.

Наступного дня всі тварини зібралися, щоб подивитися на гонку. "На старт, увага, руш!" - сказав Олівер. Тім-зайчик зірвався з місця, а Джордж-черепаха почав свою повільну подорож.

Тім був настільки далеко попереду, що вирішив відіспатися. Джордж, однак, продовжував рухатися своїм повільним темпом, перетинаючи орієнтири та нарешті обігнавши сплячого Тіма. Джордж дістався фінішу, і всі тварини вітали його.

Гамір розбудив Тіма, який швидко побіг до фінішу, тільки щоб знайти Джорджа з медаллю переможця. Тім не міг повірити і звинуватив Джорджа у шахрайстві.

"Ніякого шахрайства", - сказав Олівер, мудра стара сова. "Джордж переміг чесно. Він продовжував іти, не здавався і закінчив першим". Тім сумував, але Джордж намагався підбадьорити його. "Це просто гонка, Тім. Залишмося друзями, і я впевнений, що ти виграєш наступного разу."

З того часу вони залишилися найкращими друзями, і Тім-зайчик більше ніколи не хвалився.

The Three Little Pigs

One day, Mama Pig told her three little pigs to go out and build their own houses. The first little pig met a man with straw and asked to buy some to build his house. The second little pig met a man with sticks and bought some to build his house. The third little pig met a man with bricks and decided to build a strong house.

Soon, the houses of straw and sticks were finished, while the brick house took a bit longer. When a hungry wolf came, he tried to blow down the first little pig's house of straw. The pig escaped to the second little pig's house. The wolf blew down the stick house, and both pigs ran to the third little pig's house.

The wolf couldn't blow down the brick house, so he tried to climb down the chimney. The smart third pig boiled a pot of water, and when the wolf fell in, he got scared and ran away. The three little pigs lived happily together in the strong brick house.

Три поросятка

Одного дня мама-свиня сказала своїм трьом поросятам вийти та побудувати власні будинки. Перше поросятко зустріло чоловіка зі соломою і попросило купити трохи, щоб побудувати свій будинок. Друге поросятко зустріло чоловіка з гілками і купило деякі, щоб побудувати свій будинок. Третє поросятко зустріло чоловіка з цеглою та вирішило побудувати міцний будинок.

Скоро будинки зі соломи та гілок були закінчені, а будинок з цеглини зайняв трохи більше часу. Коли прийшов голодний вовк, він намагався здути будинок першого поросятка зі соломи. Поросятко втекло до будинку другого поросятка. Вовк здув будинок з гілок, і обидва поросятка втекли до будинку третього поросятка.

Вовк не міг здути будинок з цеглини, тому намагався залізти вниз димарем. Розумне третє поросятко закип'ятило горщик води, і коли вовк впав у нього, налякався та втік. Три поросятка жили щасливо разом у міцному цегляному будинку.

The Three Fish

Once, three fish lived in a lake. One evening, some people passed by the lake and saw the fish.

"This lake has many fish," they told each other. "We've never been here before. We should come back tomorrow with our gear and catch them!" When the oldest fish heard this, he was worried.

He told the others, "Did you hear what the people said? We must leave this lake now. They'll return tomorrow and catch us all!"

The second fish agreed. "You're right. We must leave."

The youngest fish laughed. "Don't worry. We've lived here forever, and nobody has ever come. Why would they return? I'm staying. My luck will protect me."

The oldest fish left the lake right away with his family.

The next morning, the second fish saw the people coming and left quickly with his family.

The third fish still refused to leave, trusting his luck. Soon, the people arrived and caught all the fish left in the lake.

The third fish's luck didn't save him: he was caught too.

The lesson of this story is to act quickly when you see danger ahead.

Три риби

Колись три риби жили у озері. Одного вечора кілька людей проходили повз озеро і побачили риб.

"В цьому озері багато риби", - сказали вони один одному. "Ми ніколи тут не були. Завтра ми повернемося з нашим спорядженням і піймаємо їх!" Коли найстарша риба почула це, вона занепокоїлася.

Вона сказала іншим: "Чи чули ви, що сказали люди? Ми повинні покинути це озеро зараз. Завтра вони повернуться і піймають нас усіх!"

Друга риба погодилася. "Ти правий. Ми повинні йти."

Наймолодша риба засміялася. "Не хвилюйтеся. Ми живемо тут від незапам'ятних часів, і ніхто ніколи не приходив. Чому вони повернуться? Я залишаюся. Мій щастя захистить мене."

Найстарша риба одразу покинула озеро зі своєю родиною.

Наступного ранку друга риба побачила, що люди йдуть, і швидко покинула озеро зі своєю родиною.

Третя риба все ще відмовлялася йти, довіряючи своєму щастю. Незабаром люди прибули і піймали всіх риб, що залишилися в озері.

Щастя третьої риби не врятувало її: її теж піймали.

Урок цієї історії полягає в тому, що слід діяти швидко, коли ви бачите небезпеку попереду.

Three Colorful Friends

Once, there were three lovely friends: a red, a yellow, and a white butterfly. They always played together.

One day, dark clouds appeared, and they knew rain was coming. They searched for a place to stay dry.

They found a white lily and asked to hide under its petals.

"Only the white butterfly may stay," said the lily. "It matches my color!"

They moved to a bigger lily and asked again.

"The yellow and red butterflies can stay, but not the white one," said the lily. "It doesn't match me!"

The friends decided, "All three of us, or none of us!"

Seeing their strong bond, the sun peeked through the clouds and chased the rain away.

Три кольорові друзі

Одного разу було троє чарівних друзів: червона, жовта та біла метелики. Вони завжди гралися разом.

Одного дня з'явилися темні хмари, і вони знали, що наближається дощ. Вони шукали місце, де можна перечекати негоду.

Вони знайшли білу лілію та попросили приховатись під її пелюстками.

"Лише біла метелик може залишитись, - сказала лілія. - Вона пасує до мого кольору!"

Вони перейшли до більшої лілії та знову запитали.

"Жовта та червона метелики можуть залишитись, але не біла, - сказала лілія. - Вона мені не пасує!"

Друзі вирішили: "Всі троє разом, або жоден з нас!"

Бачачи їх міцні взаємини, сонце заглянуло з-за хмар і розігнало дощ.

The Clever Fox and Her Tricks

Once upon a time, there was a sneaky fox looking for food. She saw a cart filled with fish coming down the road. She quickly pretended to be dead in the middle of the road.

The man driving the cart saw her and thought she was really dead. He put her on top of the fish in the cart. As the cart moved, the fox pushed the fish off and then collected them to eat.

While eating, a bear came and asked for some fish. The fox tricked the bear, telling him to dip his tail in a pond to catch fish. The bear did as told, but the water froze, and he lost his tail.

Angry, the bear tried to catch the fox, but she was too clever. She hid in a hollow tree and kept taunting him. The bear couldn't catch her, and the fox enjoyed her victory, having outsmarted both the man and the bear.

Розумна лисиця та її хитрощі

Жила-була хитра лисиця, яка шукала їжу. Вона побачила віз, наповнений рибою, який їхав дорогою. Швидко вона вдавала мертву, лежачи прямо посеред дороги.

Чоловік, який керував візом, побачив її і подумав, що вона справді мертва. Він поклав її на вершок риби у віз. Коли віз рушив далі, лисиця штовхала рибу з воза, а потім збирала її, щоб поїсти.

Поки лисиця їла, підійшов ведмідь і попросив деякої риби. Лисиця обдурювала ведмедя, сказавши йому замочити хвіст у ставку, щоб спіймати рибу. Ведмідь зробив, як казала лисиця, але вода замерзла, і він втратив хвіст.

Злий ведмідь спробував спіймати лисицю, але вона була занадто розумна. Вона ховалася в дуплі дерева і продовжувала насміхатися з нього. Ведмідь не зміг її спіймати, а лисиця насолоджувалася своєю перемогою, перехитривши і чоловіка, і ведмедя.

The Magical Bird

Long ago, in a stunning garden named Dreamland, lived Jack and Lily. They had a perfect life, with beautiful surroundings and animals. They had everything they needed, except for one rule: they couldn't eat fruit from the Tree of Secrets.

For many years, Jack and Lily enjoyed Dreamland, never going near the tree. But one day, Lily started wondering about the tree and its fruit. Tempted, she ate the fruit, and both Jack and Lily learned about the bad side of life. They were forced to leave Dreamland, and their perfect life was gone.

But a special bird was born under the tree, with amazing feathers and song. Jack and Lily were sent away by a guardian with a powerful sword. A fire spark from the sword landed on the bird's nest, and although the nest burned, a new bird emerged from an egg.

This unique bird, called the Magical Bird, stays with people, unseen but present. It spreads happiness, light, and beauty in people's lives. The bird renews itself each year, rising from its own ashes, stronger and more beautiful.

The Magical Bird visits young children, giving them joy and hope before they face life's challenges. Like the bird, we must also rise from tough times and find happiness again.

Чарівний птах

Давним-давно, у прекрасному саду на ім'я Країна Мрій, жили Джек і Лілі. Вони мали ідеальне життя з чудовими краєвидами та тваринами. Вони мали все, що потрібно, за винятком одного правила: їм заборонялося їсти плоди з Дерева Таємниць.

Протягом багатьох років Джек і Лілі насолоджувалися Країною Мрій, не підходячи до дерева. Але одного дня Лілі почала цікавитися деревом і його плодами. Вона спокусилася, спробувала плід, і обоє Джек і Лілі дізналися про погану сторону життя. Їх вигнали з Країни Мрій, і їх ідеальне життя зникло.

Але під деревом народився особливий птах з дивовижними перами та співом. Джека та Лілі вигнав охоронець із могутнім мечем. Віскра від меча впала на гніздо птаха, і хоча гніздо згоріло, з яйця вийшов новий птах.

Цей унікальний птах, який називається Чарівний Птах, залишається з людьми, непомітний, але присутній. Він поширює щастя, світло та красу в житті людей. Птах омолоджується щорічно, піднімаючись з власного попелу, стаючи сильнішим та красивішим.

Чарівний Птах відвідує маленьких дітей, даруючи їм радість та надію, перш ніж вони зіткнуться з життєвими випробуваннями. Як і птах, ми також повинні підійматися з непростих часів та знову знаходити щастя.

The Little Girl and the Mouse

Once upon a time in a lovely town in Poland, a brave little girl lived with her family. She loved animals and wasn't afraid of anything. Well, almost anything. The little girl and her older brother enjoyed learning about animals and played games to test their knowledge. But there was one thing the brother was afraid of: mice. The little girl noticed and became afraid of mice too.

One summer, the little girl went to visit her grandparents in the countryside. She enjoyed spending time with them, exploring the woods and fields. One day in the kitchen, the little girl saw a mouse and screamed in fear. Her grandma asked her why she was afraid of the tiny creature.

The little girl explained that she had learned to be scared of mice from her brother. Her grandma told her not to be scared of things without a good reason. She shared a story from her own childhood during a war, when watching and learning from mice had helped her survive. The little girl listened intently and began to see mice in a different light.

As she watched a mouse scurry across the kitchen floor, the little girl promised herself she would think of mice more kindly. She decided to share her grandma's story with her brother, so he too could see that mice weren't so scary after all.

Дівчинка та миша

Колись у милому містечку в Польщі жила хоробра дівчинка з своєю сім'єю. Вона любила тварин і нічого не боялася. Ну, майже нічого. Дівчинка та її старший брат залюбки дізнавалися про тварин та грали в ігри, щоб перевірити свої знання. Але була одна річ, якої боявся брат: миші. Дівчинка помітила це та також стала боятися мишей.

Одного літа дівчинка поїхала відвідати своїх дідуся і бабусю в селі. Вона з задоволенням проводила час з ними, досліджуючи ліси та поля. Одного дня в кухні дівчинка побачила мишу та закричала від страху. Бабуся запитала її, чому вона боїться такої маленької тваринки.

Дівчинка пояснила, що навчилася боятися мишей від свого брата. Бабуся сказала їй не боятися речей без гарної причини. Вона розповіла історію зі свого власного дитинства під час війни, коли спостереження та навчання від мишей допомогли їй вижити. Дівчинка уважно слухала та почала сприймати мишей по-іншому.

Спостерігаючи, як миша мчить по кухонній підлозі, дівчинка пообіцяла собі більше доброзичливо думати про мишей. Вона вирішила поділитися історією своєї бабусі з братом, щоб і він також зрозумів, що миші насправді не такі страшні.

The Secret of the Farm

Once upon a time in a small town in Pakistan, there was an old farmer with four lazy sons. The farmer was kind and hardworking, but his sons were always causing trouble and never helped with the farm work. As the farmer grew weaker, he worried about his sons' future.

One day, the farmer fell ill and knew he didn't have long to live. He gathered his sons and told them about a hidden treasure buried somewhere on the farm. He said that if they found the treasure, they would be wealthy and wouldn't have to work anymore. They must take the treasure to their uncle to divide it equally among them.

After the farmer passed away, the brothers began searching for the treasure. They dug up every field on the farm but couldn't find it. Eventually, they noticed that they had prepared the soil for planting seeds. They sowed seeds, watered them, and soon harvested their crops. They sold the crops at the market and made a lot of money.

The brothers took the money to their uncle, who divided it equally among them. Their uncle told them that the real treasure was the farm itself. From then on, the brothers worked hard on the farm, grew richer, and learned the value of discipline, respect, and hard work. Their father's secret treasure had taught them important lessons and brought them closer together.

Розкриття таємниці ферми

Колись у невеликому містечку в Пакистані жив старий фермер з чотирма лінивими синами. Фермер був добрий та працьовитий, але його сини завжди створювали проблеми і ніколи не допомагали з роботою на фермі. З роками фермер ставав слабшим і переймався майбутнім своїх синів.

Одного дня фермер захворів і зрозумів, що не має багато часу. Він зібрав своїх синів та розповів їм про сховане золото, поховане десь на фермі. Він сказав, що якщо вони знайдуть скарб, вони стануть багатими і не доведеться працювати. Вони мають віддати скарб своєму дядьку, щоб той розділив його порівну між ними.

Після смерті фермера брати почали шукати скарб. Вони розкопали кожне поле на фермі, але так і не знайшли його. Зрештою вони помітили, що вони підготували ґрунт для посіву насіння. Вони посіяли насіння, полили його, і незабаром зібрали урожай. Вони продали урожай на ринку і заробили багато грошей.

Брати віддали гроші своєму дядьку, який розділив їх порівну між ними. Їх дядько сказав їм, що справжній скарб - це сама ферма. З того часу брати працювали наполегливо на фермі, стали багатшими та навчилися цінувати дисципліну, повагу та наполегливу працю. Секретний скарб їхнього батька навчив їх важливим урокам та зблизив їх між собою.

The Magical Mirror

A king wanted to find a wife, so he asked his trusted barber for help. The barber had a special mirror that could show a person's true character. If someone looked into it and had done bad things, the mirror would show stains.

The news spread, and everyone wondered who would be brave enough to look into the mirror. Surprisingly, no one came forward. The king was sad, wondering if he would ever find a wife.

One day, the barber mentioned a humble shepherdess who might be willing to look into the mirror. The king invited her to his court. In front of everyone, the king asked her to look into the mirror. The shepherdess admitted she made mistakes, but she was not afraid.

As she looked into the mirror, there were no stains. The other ladies of the court took the mirror and saw no stains either. They claimed the mirror was not magical.

The king revealed that the mirror was not magic, but the shepherdess's bravery and honesty made her the best choice for his queen. The shepherdess became the queen, and the king knew he had found the best person to share his life with.

Магічне дзеркало

Король хотів знайти собі дружину, тому попросив свого довіреного цирульника допомогти. Цирульник мав особливе дзеркало, яке могло показати справжній характер людини. Якщо хтось дивився в нього і робив погані вчинки, на дзеркалі з'являлися плями.

Звістка рознеслася, і всі думали, хто наважиться подивитися в дзеркало. На диво, ніхто не відгукнувся. Король сумував, думаючи, чи знайде він коли-небудь дружину.

Одного дня цирульник згадав про скромну пастушку, яка можливо погодиться подивитися в дзеркало. Король запросив її до свого двору. На очах у всіх король попросив її подивитися в дзеркало. Пастушка визнала, що робила помилки, але не боялася.

Коли вона дивилася в дзеркало, плям не було. Інші дами двору взяли дзеркало і теж не побачили плям. Вони стверджували, що дзеркало не магічне.

Король розкрив, що дзеркало не магічне, але мужність та чесність пастушки зробили її найкращим вибором для своєї королеви. Пастушка стала королевою, і король знав, що знайшов найкращу людину, з якою може ділитися своїм життям.

The Forest Party

As the sun rises over the woods, little monkey Dora wakes up, excited for the big party. Monkeys from all over come to dance and celebrate. Dora is happy to help organize the event with her friend Tinga, a white-haired monkey with green eyes.

During the preparations, Dora is assigned the task of collecting delicious fruits and nuts. While she's gathering them, she gets caught in a human trap. Frightened, she calls for help. Suddenly, Curupira and Saci, two legendary forest spirits, come to her rescue. They chase away the humans and free Dora from the trap. She thanks them by giving them her bag of fruits and nuts.

Dora rushes back to the party and tells her story. Some monkeys, like Paco, a big, black-haired monkey she once had feelings for, don't believe her. Realizing he's foolish and arrogant, she decides not to pursue him anymore. Instead, she dances with Tinga, the one she truly cares for, and enjoys the magical forest party.

Вечірка у лісі

Коли сонце сходить над лісом, маленька мавпочка Дора прокидається, схвильована великою вечіркою. Мавпи з усіх куточків збираються, щоб танцювати та святкувати. Дорі радіє допомагати організувати захід разом зі своєю подругою Тінгою, мавпою з білим волоссям та зеленими очима.

Під час підготовки Дорі доручають зібрати смачні фрукти та горіхи. Збираючи їх, вона потрапляє в людську пастку. Налякана, вона кличе на допомогу. Раптом Курупіра та Сасі, два легендарних лісових духи, приходять на порятунок. Вони розганяють людей та визволяють Дору з пастки. Вона дякує їм, даючи їм свій мішок з фруктами та горіхами.

Дора поспішає назад на вечірку та розповідає свою історію. Деякі мавпи, як Пако, великий мавп з чорним волоссям, до якого вона колись мала почуття, не вірять їй. Усвідомлюючи, що він дурний та зарозумілий, вона вирішує більше не підкорятися йому. Замість цього вона танцює з Тінгою, яку справді любить, та насолоджується магічною вечіркою в лісі.

The Woman and the Beast

A long time ago, in a small French town, a poor merchant lived with his daughter, Belle. One day, the merchant had to leave for a trip, so Belle stayed home alone. When returning, the merchant was tired and found an enchanted castle where he could rest.

He entered the castle, ate a meal, and slept. The next morning, he found a beautiful rose bush in the garden and thought Belle would love a rose. As he picked one, a fearsome Beast appeared, angry about the stolen rose.

Just then, Belle arrived, worried about her father. The Beast agreed to let the merchant go, but only if Belle stayed with him forever. Belle agreed, and her father left.

At first, Belle was scared of the Beast, but she realized he had a kind heart. The Beast fell in love with Belle and asked her to marry him, but Belle missed her father and wanted to see him. The Beast showed her a magic mirror, which revealed her sick father. Belle begged the Beast to let her visit her father, and he agreed.

After helping her father recover, Belle had a dream that the Beast was ill. She hurried back to the castle and found him in bed. She told the Beast she loved him, and suddenly he transformed into a handsome prince. The curse he was under had been broken by true love. The couple married and lived happily ever after.

Жінка та Звір

Давним-давно, у невеличкому французькому містечку, жив бідний купець зі своєю донькою, Белль. Одного дня купець мусів відправитися у далеку подорож, тому Белль лишилася вдома наодинці. Коли купець повертався, він був втомлений і знайшов заклятий замок, де міг відпочити.

Він увійшов до замку, поїв вечерю та ліг спати. Наступного ранку він знайшов прекрасний кущ троянд у саду і подумав, що Белль сподобається троянда. Коли він зірвав одну з них, з'явився лякаючий Звір, розлючений крадіжкою троянди.

Саме тоді прибула Белль, стурбована долею свого батька. Звір погодився відпустити купця, але лише за умови, що Белль залишиться з ним назавжди. Белль погодилася, і її батько покинув замок.

Спочатку Белль боялася Звіра, але згодом усвідомила, що він має добре серце. Звір закохався в Белль та попросив її стати його дружиною, але Белль сумувала за своїм батьком і хотіла його побачити. Звір показав їй чарівне дзеркало, яке відобразило її хворого батька. Белль благала Звіра дозволити їй відвідати батька, і він погодився.

Після того, як Белль допомогла своєму батьку одужати, вона мала сон, що Звір теж хворіє. Вона поспішала назад до замку і знайшла його в ліжку. Вона сказала Звіру, що кохає його, і раптом він перетворився на красеня-принца. Прокляття, яке на нь Прокляття, яке на ньому лежало, було зламано силою справжнього кохання. Пара одружилася та довго та щасливо жила разом.

Honesty Matters

Once upon a time, there was a boy named Tim, the son of a farmer. Tim had a bad habit of lying to his family and friends. He would make up stories about monsters, pretend to see dangerous animals, or fake being sick to avoid work.

Tim's daily task was to take his father's cows to graze in a nearby meadow. He found this job dull and wished for a more exciting life. Boredom and frustration led Tim to create untrue stories.

One day, Tim decided to play a prank on the towners. He pretended to be attacked by a lion and screamed for help. The towners rushed to save him, only to find him laughing at his joke. They were disappointed and warned him not to do it again. But Tim didn't listen.

A few days later, Tim played the same trick. Once again, the towners hurried to help, but found Tim laughing at them. They were furious, and Tim's father had to apologize for his son's behavior.

The next day, while Tim was watching the cows, he heard a rustling behind him. To his horror, a real lion appeared! Tim tried to escape, but the lion blocked his way. He screamed for help, but this time, the towners didn't come to his rescue.

Sadly, Tim was killed by the lion. His lies had made the towners distrust him, and when he really needed help, no one believed him. This tale teaches us the importance of honesty and the consequences of lying.

Щиросуть має значення

Колись давно був хлопчик на ім'я Тім, син фермера. У Тіма була погана звичка брехати своїй родині та друзям. Він вигадував історії про чудовиськ, удавав, що бачить небезпечних тварин, або вдавав хворого, щоб уникнути роботи.

Щоденне завдання Тіма полягало в тому, щоб відводити батьківських корів пастись на сусідню луг. Йому здавалося це заняття нудним і мріяв про більш захоплююче життя. Нудьга та роздратування спонукали Тіма вигадувати неправдиві історії.

Одного дня Тім вирішив наігратися на місцевих жителях. Він удавав, що його напав лев, і кричав про допомогу. Місцеві жителі поспішили на порятунок, але знайшли Тіма, який сміявся з свого жарту. Вони були розчаровані і попередили його, щоб він більше такого не робив. Але Тім не слухався.

Кілька днів потому Тім знову зіграв той самий фокус. Знову місцеві жителі поспішили на допомогу, але знайшли Тіма, який сміявся з них. Вони були розлючені, і батько Тіма мусів вибачатися за поведінку свого сина.

Наступного дня, коли Тім стеріг корів, він почув зашелестіти позаду себе. На його жах, з'явився справжній лев! Тім спробував втекти, але лев перегородив йому шлях. Він закричав про допомогу, але цього разу місцеві жителі не прийшли на порятунок.

На жаль, Тіма вбив лев. Його брехня змусила місцевих жителів не довіряти йому, і коли він потребував допомоги, ніхто йому не повірив. Ця казка навчає нас важливості чесності та наслідків брехні.

A Forever Friendship

A rabbit and a fox were close friends. Each morning, the fox visited the rabbit's burrow in a bush. The rabbit enjoyed the fox's company but didn't notice the fox's growing frustration at always being the one to visit.

The rabbit's laziness was turning the fox into a foe. One day, the fox decided to teach the rabbit a lesson. He secretly tied a string to the rabbit's leg and his tail. After saying goodbye, the fox jumped into a nearby stream. The string pulled the rabbit from the bush, and he fell into the water with a splash!

The rabbit couldn't swim, and despite struggling, he couldn't untie the string. Eventually, he drowned. The fox thought he had taught the rabbit a lesson, but a bird of prey saw the floating rabbit from above. The bird swooped down to catch its meal, gripping the rabbit with its sharp claws.

The fox suddenly remembered the string tying them together. The bird carried them both to a high tree branch. It was then that the fox realized his mistake. By setting a trap for the rabbit, he had also trapped himself.

An old African saying says, "Do not dig too deep a pit for your foe because you may fall into it yourself."

Вічна дружба

Заєць та лис були близькими друзями. Щоранку лис відвідував нору кролика в кущі. Заєць насолоджувався компанією лиса, але не помічав зростаючого роздратування лиса, який завжди мав відвідувати кролика.

Лінощі кролика перетворювали лиса на ворога. Одного дня лис вирішив дати кролику урок. Він потайки прив'язав нитку до ноги кролика та свого хвоста. Попрощавшись, лис стрибнув у недалекий струмок. Нитка витягла кролика з куща, і він з шумом впав у воду!

Заєць не вмів плавати, і незважаючи на зусилля, не міг розв'язати нитку. Врешті-решт, він потонув. Лис думав, що навчив кролика уроку, але птах-хижак побачив відпливаючого кролика зверху. Птах кинувся вниз, щоб спіймати свій обід, схопивши кролика своїми гострими кігтями.

Лис раптом згадав про нитку, що прив'язувала їх разом. Птах поніс обох на високу гілку дерева. Саме тоді лис усвідомив свою помилку. Влаштовуючи пастку для кролика, він сам потрапив у пастку.

Старе африканське прислів'я говорить: "Не копай занадто глибоку яму для свого ворога, бо можеш сам у неї впасти."

The Three Bears

In a small house near the woods, a girl named Lily lived with her family. One morning, her mother sent her to collect blackberries in the woods. While walking, Lily stumbled upon a cabin and decided to see if she could find food and rest there.

Inside the cabin, she found three bowls of porridge and three chairs. The biggest bowl was too hot, and the medium one was too cold. The smallest bowl was just right, so she ate it all. Feeling tired, she went upstairs and tried out three beds. The first was too hard, the second too soft, but the smallest was perfect, and she fell asleep.

When the cabin's occupants, a family of bears, returned, they noticed their porridge had been eaten and their chairs moved. They went upstairs and found Lily asleep in the smallest bed. Startled awake by the bears, she jumped out of the window and ran home.

The puzzled bears moved the chairs back and made more porridge, always remembering that humans were peculiar creatures, not to be trusted with porridge.

Три Ведмеді

У маленькому будинку біля лісу жила дівчинка на ім'я Лілі разом зі своєю родиною. Одного ранку її мама послала її збирати ожину у лісі. Йдучи лісом, Лілі натрапила на хатинку та вирішила подивитися, чи не знайде вона там їжі та відпочинку.

Усередині хатинки вона знайшла три миски каші та три стільці. Найбільша миска була занадто гарячою, а середня - занадто холодною. Найменша миска була саме та, і Лілі з'їла все. Відчуваючи втому, вона пішла наверх і спробувала три ліжка. Перше було занадто твердим, друге занадто м'яким, але найменше було ідеальним, і вона заснула.

Коли мешканці хатинки, сім'я ведмедів, повернулися, вони помітили, що їхню кашу з'їли, а стільці зрушили. Вони пішли наверх і знайшли сплячу Лілі на найменшому ліжку. Перелякана ведмедями, вона стрибнула з вікна і побігла додому.

Здивовані ведмеді поставили стільці назад і приготували ще каші, завжди пам'ятаючи, що люди - дивні створіння, яким не можна довіряти кашу.

A Nice Friendship

In a nice New Zealand forest, a tiny caterpillar named Max lived on a branch with his best friend, Sam. Sam was also a caterpillar, but they had different tastes: Sam loved leaves while Max preferred bugs.

One day, Sam began acting weird and became stiff. Max tried to cheer him up, but Sam just slept. Days passed, and Sam's skin hardened like a shell. Max stayed by his side, waiting.

Eventually, Sam emerged from his shell as a beautiful butterfly. He spread his wings and flew away, leaving Max feeling lonely and unable to follow. He raced to the top of the twig, wondering if they'd ever play together again.

As Max cried, a voice called out in the darkness. It was Sam, who had returned. He explained that Max was a glow worm, shining brightly in the night. Other glow worms nearby wanted to be friends too!

Max worried they couldn't be friends anymore, but Sam reassured him that friends always find a way. From that day on, at every sunrise and sunset, Max and Sam continued their games, laughing together as they always had.

Гарна дружба

У прекрасному лісі Нової Зеландії на гілці жив маленький гусеничок на ім'я Макс разом зі своїм найкращим другом, Семом. Сем також був гусеничкою, але вони мали різні смаки: Сем любив листя, а Макс надавав перевагу комахам.

Одного дня Сем почав дивно себе вести та став жорстким. Макс намагався розвеселити його, але Сем лише спав. Дні минули, і шкіра Сема стала твердою, як черепашка. Макс залишався поряд з ним, чекаючи.

Наостанок, Сем вийшов зі своєї черепашки у вигляді прекрасного метелика. Він розправив свої крила та полетів геть, залишаючи Макса самотнім та неспроможним стежити за ним. Він побіг на верхівку гілочки, думаючи, чи будуть вони знову гратися разом.

Коли Макс плакав, голос закликав його з темряви. Це був Сем, який повернувся. Він пояснив, що Макс - світлячок, який сяє яскраво вночі. Інші світлячки поблизу також хотіли з ним подружитися!

Макс хвилювався, що вони більше не можуть бути друзями, але Сем запевнив його, що друзі завжди знаходять шлях. З того дня, на кожному світанку та заході сонця, Макс та Сем продовжували свої ігри, сміючись разом, як завжди.

Home

On a hot May day, young Myna couldn't play outside. Her mother suggested she help cook. Myna loved the kitchen's colors and asked if she could feed herself. Despite making a mess, she enjoyed it. She began feeding a little crow named Kakai her fallen rice, and they became friends.

When Myna was seven, her town changed, and people left for places like England and Canada. Myna and her mother moved to London. Myna missed Kakai, her home, and the stars. One day, she found a Tamil-speaking crow in London, who shared a story about a crow and a deer that showed friends never abandon each other.

Myna made new friends and improved her English, but she still missed Kakai. Her father joined them in London, saying they had to make it their home. One night, she discovered the crow in London was actually Kakai. He told her home wasn't a place, but a feeling of belonging and love. She realized she had two homes under the same sky.

Дім

У спекотний травневий день молода Мина не могла гратися на вулиці. Її мама запропонувала їй допомогти готувати. Мина полюбила кольори кухні та запитала, чи може вона нагодувати себе сама. Незважаючи на те, що вона натворила безлад, їй це сподобалося. Вона почала годувати маленького ворона на ім'я Какай своїм впавшим рисом, і вони стали друзями.

Коли Мині було сім років, її місто змінилося, і люди виїжджали в такі місця, як Англія та Канада. Мина та її мама переїхали до Лондона. Мині скучило за Какаєм, своїм домом та зірками. Одного дня вона знайшла ворона, що говорив тамільською, у Лондоні. Він розповів їй історію про ворона та оленя, які показали, що друзі ніколи не покидають одне одного.

Мина знайшла нових друзів і вдосконалила свою англійську, але їй все ще скучило за Какаєм. Її батько приєднався до них у Лондоні, кажучи, що вони повинні зробити його своїм домом. Одного вечора вона виявила, що ворон у Лондоні насправді був Какай. Він сказав їй, що дім - це не місце, а відчуття приналежності та любові. Вона зрозуміла, що має два домівки під одним небом.

The Sword

Uther Pendragon watched the Roman ships depart, his men by his side. They celebrated their newfound freedom and vowed to protect England. As Uther fought off enemies, he worried about his son, Arthur, and asked his best friend to raise him as his own.

Growing up away from Uther, Arthur learned to become a brave warrior. When Uther aged and needed to choose his successor, he consulted Merlin, his wise advisor and wizard. They devised a plan: Merlin would enchant the sword Excalibur so only the rightful king could remove it from an anvil.

At a grand tournament, no warrior could remove the sword. Arthur, however, pulled it out effortlessly while trying to find a sword for his friend, Kay. Merlin declared Arthur the rightful heir, and the people rejoiced. Arthur became a good king, protecting his people just as his father had done.

Меч

Утер Пендрагон спостерігав, як римські кораблі відпливають, свої війська поряд з ним. Вони відзначали свою нову свободу та склали клятву захищати Англію. Борючись з ворогами, Утер хвилювався за свого сина Артура і попросив свого найкращого друга виховати його, як свого власного.

Виростаючи подалі від Утера, Артур навчився ставати хоробрим воїном. Коли Утер постарів і повинен був обрати свого наступника, він звернувся до Мерліна, свого розумного радника та чаклуна. Вони вигадали план: Мерлін зачарує меч Екскалібур так, щоб лише законний король міг витягнути його з наковальні.

На великому турнірі жоден воїн не міг витягнути меча. Артур, однак, з легкістю витягнув його, коли шукав меч для свого друга Кая. Мерлін проголосив Артура законним спадкоємцем, і люди раділи. Артур став добрим королем, захищаючи свій народ так, як це робив його батько.

The Tale of a Wise Old Man

In a humble town, there once lived a poor old man who owned a stunning white horse. All who saw it, including neighboring kings, envied him. They offered riches for the horse, but the old man refused.

"To me, this horse is a friend, not just an animal. How can I sell a friend?" he said.

One day, the horse vanished. The towners mocked the old man, claiming he should have sold the horse before it was stolen. The wise old man responded, "All we know is that the horse is gone. We cannot say if this is good or bad."

Two weeks later, the horse returned with a group of wild horses. The towners changed their tune, praising the old man's fortune. He reminded them, "We cannot predict if this is good or bad. Life comes in fragments."

The old man's son began taming the wild horses but injured his leg, leaving him with a limp. The towners deemed it a misfortune, but the old man remained neutral. When war broke out and all young men were conscripted, the old man's son was spared due to his injury.

The towners mourned their children's departure and acknowledged the old man's wisdom. The old man reminded them, "We must not judge life's fragments. Judging stops our growth."

Оповідь про Мудрого Старого Чоловіка

У скромному містечку колись жив бідний старий чоловік, який мав чудового білого коня. Всі, хто його бачив, включаючи сусідніх королів, заздріли йому. Вони пропонували багатства за коня, але старий відмовлявся.

"Для мене цей кінь - друг, а не просто тварина. Як я можу продати друга?" - казав він.

Одного дня кінь зник. Міщани сміялися зі старого чоловіка, стверджуючи, що він повинен був продати коня, перш ніж його вкрали. Мудрий старий чоловік відповів: "Все, що ми знаємо, - це те, що кінь зник. Ми не можемо сказати, чи це добре чи погано".

Через два тижні кінь повернувся разом з групою диких коней. Міщани змінили своє ставлення, хвалячи удачу старого чоловіка. Він нагадав їм: "Ми не можемо передбачити, чи це добре чи погано. Життя приходить уривками".

Син старого чоловіка почав приручати диких коней, але травмував свою ногу і став хромим. Міщани вважали це нещастям, але старий чоловік залишався нейтральним. Коли розпочалася війна і всіх молодих людей було змобілізовано, сина старого чоловіка відпустили через його травму.

Міщани оплакували відхід своїх дітей на війну і визнали мудрість старого чоловіка. Старий нагадав їм: "Ми не повинні судити уривки життя. Судження заважає нашому росту".

Later!

Max was a carefree boy who did things his way. He ate, played, and slept when he wanted. When his mom asked him to clean up or come for dinner, he'd shout "later!" and continue his activities.

One day, Max came home late and tired after playing with his friends. His mom asked him to clean up the mess he'd made while snacking and playing video games. Annoyed, Max shouted "later!" and his mom cleaned up after him.

The next day, Max's mom confronted him about cheating at school. Upset, Max yelled "later!" and stormed off to his room. That night, he decided to do everything his way, even if it meant cheating.

The following morning, Max found himself alone in the house. His mom was nowhere to be found, and neither were his friends. He shrugged it off and went about his day. The next day, still alone, Max began to worry. He searched for his mom and friends but found no trace of them.

Feeling hopeless, Max apologized for wishing everyone away and wished for things to return to normal. The next morning, he woke up to find his mom at home, and everything back to the way it was. When she asked him to get ready for school, he almost said "later!" but stopped himself and agreed to do it right away.

Пізніше!

Макс був безтурботним хлопчиком, який робив все на свій лад. Він їв, грався і спав, коли захотілося. Коли його мама просила прибрати або прийти на вечерю, він кричав "пізніше!" і продовжував свої заняття.

Одного дня Макс повернувся додому пізно і стомлений після гри з друзями. Його мама попросила його прибрати бардак, який він зробив, перекусивши та граючись у відеоігри. Роздратований, Макс закричав "пізніше!" і його мама прибрала за ним.

На наступний день мама Макса зіштовхнулася з ним через обман у школі. Засмучений, Макс закричав "пізніше!" і розлючений пішов до своєї кімнати. Того вечора він вирішив робити все на свій лад, навіть якщо це означало обманювати.

Наступного ранку Макс опинився сам у будинку. Ніде не було його мами, а також його друзів. Він відмахнувся від цього і провів свій день. Наступного дня, все ще самотній, Макс почав хвилюватися. Він шукав свою маму та друзів, але не знайшов жодного сліду.

Почуваючись безнадійно, Макс пробачився за те, що побажав, щоб усі зникли, і побажав, щоб все повернулося до норми. Наступного ранку він прокинувся і знайшов свою маму вдома, і все повернулося до попереднього стану. Коли вона попросила його готуватися до школи, він мало не сказав "пізніше!", але зупинився і погодився зробити це відразу.

A Contract with the Devil

In York, a man named Edward was fascinated by magic and alchemy. His studies led him to summon the Devil, who offered to provide powerful magic in exchange for Edward's soul upon his visit to Rome. Edward agreed, but secretly had no intention of visiting Rome.

With the Devil's help, Edward performed magical deeds for the greater good, becoming famous and even assisting the king. The Devil, expecting Edward to use his powers for evil, grew impatient as years passed without Edward going to Rome.

To claim Edward's soul, the Devil devised a plan. Disguising himself as a farmer, he convinced Edward to help heal his "sick mother" at a nearby inn named Rome. Upon entering, the Devil revealed the deception, stating that the contract's condition was met.

Terrified, Edward prayed fervently, weakening the Devil's grip on him. In the struggle that ensued, the Devil accidentally dropped Edward on the moon. Legend says Edward remains there, watching over his country and its people from above.

Договір з дияволом

У Йорку жив чоловік на ім'я Едвард, який захоплювався магією та алхімією. Його дослідження призвели його до виклику диявола, який запропонував надати потужну магію в обмін на душу Едварда після його візиту до Риму. Едвард погодився, але таємно не мав наміру відвідувати Рим.

За допомогою диявола Едвард виконував магічні діла на благо інших, стаючи відомим і навіть допомагаючи королю. Диявол, очікуючи, що Едвард використовуватиме свої сили для зла, ставав нетерплячим з кожним роком, які минули без візиту Едварда до Риму.

Щоб забрати душу Едварда, диявол вигадав план. Змінивши свій вигляд на фермера, він переконав Едварда допомогти вилікувати його "хвору матір" в неподалік розташованому готелі під назвою "Рим". Увійшовши всередину, диявол розкрив обман, заявивши, що умова договору виконана.

Переляканий, Едвард молився з вірою, що послабив владу диявола над ним. У наступній боротьбі диявол випадково кинув Едварда на місяць. За легендою, Едвард все ще перебуває там, спостерігаючи за своєю країною та її народом зверху.

A Lovely Bloom

On a dark, rainy day, Sophie walked through the park near her home, daydreaming about leaving England for a more exciting place. As she looked around the dreary park, she noticed an old lady, Penelope, moving between trees and attending to something hidden.

Curious, Sophie approached Penelope, who revealed a stunning mane of hair made of flowers. Penelope explained that she was organizing a traditional Filipino festival for the Filipino families who had settled in the UK. She asked Sophie to help her with the preparations, as her name, meaning "a lovely boom," made her a perfect fit for the role.

Together, they prepared for the festival, and soon a group of colorfully dressed people arrived. Among them were eight women dressed as angels, each representing something beautiful in the world. The festival was lively, full of singing and dancing, and Sophie felt a part of something special.

After promising to return the next day, Sophie hurried home and shared her experience with her mother. She began to see that England wasn't so bad after all, as it was home to people from all around the world, each bringing their unique traditions and celebrations.

Чудовий розквіт

У темний, дощовий день Софія гуляла парком біля свого будинку, мріючи про те, як покинути Англію на користь більш захоплюючого місця. Розглядаючи сумний парк, вона помітила стареньку Пенелопу, яка пересувалася між деревами і займалася чимось прихованим.

Цікава, Софія підійшла до Пенелопи, яка виявилась з вражаючою красивою косою з квітів. Пенелопа пояснила, що вона готує традиційний філіппінський фестиваль для філіппінських сімей, які оселилися у Великобританії. Вона попросила Софію допомогти їй з підготовкою, оскільки її ім'я, що означає "чудовий розквіт", ідеально підходило для цієї ролі.

Разом вони готувалися до фестивалю, і незабаром прибула група людей у кольорових одежах. Серед них було вісім жінок, одягнених як ангели, кожна з яких представляла щось прекрасне у світі. Фестиваль був жвавим, сповнений співом і танцями, і Софія відчувала, що є частиною чогось особливого.

Пообіцявши повернутися наступного дня, Софія поспішила додому і розповіла своїй матері про свій досвід. Вона почала розуміти, що Англія все ж таки не така погана, адже вона є домівкою для людей з усього світу, кожен з яких приносить свої унікальні традиції та святкування.

The End of the World

Elijah was known as the town's wise fool in countless tales throughout the region. One day, he had a fully grown goat, and his neighbors approached him.

"Elijah, your goat is plump. Let's go to the riverbank and prepare a feast!"

"I'm not sure," Elijah replied.

"But Elijah, don't you know? The world is ending tomorrow!"

"Is it now? Alright then."

So, they took the goat to the riverbank, and Elijah slaughtered and prepared it. His friends decided to swim in the river while he worked.

After a while, the aroma of the cooked meat wafted through the air. The friends got out of the water.

"Elijah, the food smells amazing, but where are our clothes?"

"I used them to start the fire."

"You burned our clothes to cook the goat!"

"Yes," Elijah said. "Why worry? The world is ending tomorrow anyway."

Кінець світу

Ілля був відомий як мудрий дурень містечка в безлічі оповідань по всьому регіону. Одного дня він мав повністю вирощеного козла, і його сусіди підійшли до нього.

"Ілля, твій козел такий пухнастий. Давай підемо на берег річки і приготуємо свято!"

"Не впевнений," відповів Ілля.

"Але Ілля, ти ж знаєш? Завтра кінець світу!"

"Справді? Ну добре."

Отже, вони забрали козла на берег річки, і Ілля зарізав та приготував його. Його друзі вирішили поплавати в річці, поки він працював.

Через деякий час аромат смаженого м'яса рознісся повітрям. Друзі вийшли з води.

"Ілля, їжа пахне дивовижно, але де наш одяг?"

"Я використав його, щоб розпалити вогонь."

"Ти спалив наш одяг, щоб приготувати козла!"

"Так," сказав Ілля. "Навіщо хвилюватися? Завтра все одно кінець світу."

A Long Sleep

Once upon a time in a distant kingdom, a kind king and queen ruled the land. The only thing missing from their happiness was a child. One spring, their wish came true, and a baby girl named Lila was born. The kingdom celebrated, preparing for her baptism. Every notable person was invited, including the good witches.

However, they forgot to invite the wicked witch, Malvina. Malvina lived in the mountains and was known for terrifying the towners. During the baptism, the good witches bestowed magical gifts upon Lila, such as beauty, grace, and kindness. Suddenly, Malvina appeared, furious about her exclusion. She cursed Lila, ensuring that she would prick her finger and sleep forever. One good witch mitigated the curse, changing it to a hundred-year slumber.

The king and queen banned sharp objects to protect Lila. As time passed, the curse was forgotten. One day, Lila discovered a hidden tower, where an old woman was spinning silk. The woman was Malvina in disguise. Lila asked to try spinning, and as she did, she pricked her finger. The curse came true, and Lila fell into a deep sleep. The entire palace slept as well.

As years went by, the palace was hidden by overgrowth. One day, a prince named Damien heard tales of a sleeping princess and ventured into the woods. He discovered the palace and climbed the tower where Lila slept.

Overwhelmed by her beauty, he kissed her, breaking the curse. The entire palace awoke, and the king and queen thanked Prince Damien. Lila and Damien fell in love, and everyone lived happily ever after.

Довгий Сон

Колись у далекому королівстві добрий король і королева правили країною. Єдине, чого їм не вистачало для щастя, це дитина. Однієї весни їхнє бажання здійснилося, і народилася дівчинка на ім'я Ліла. Королівство святкувало, готуючись до її хрещення. Було запрошено кожну видатну особу, включаючи добрих відьом.

Проте вони забули запросити злої відьми Мальвіну. Мальвіна жила у горах і була відома тим, що лякала жителів міста. Під час хрещення добрі відьми наділили Лілу чарівними дарами, такими як краса, грація та доброта. Раптом з'явилася Мальвіна, розлючена через своє виключення. Вона прокляла Лілу, забезпечуючи, що вона колись вколе себе пальцем і засне назавжди. Одна добра відьма послабила прокляття, змінивши його на сторічний сон.

Король і королева заборонили гострі предмети, щоб захистити Лілу. З часом прокляття забули. Одного дня Ліла виявила приховану вежу, де стара жінка прядла шовк. Ця жінка була Мальвіна в перекладі. Ліла попросила спробувати прясти, і, роблячи це, вона вколола себе пальцем. Прокляття збулося, і Ліла заснула глибоким сном. Весь палац також заснув.

З роками палац був прихований рослинністю. Одного дня принц на ім'я Даміан почув оповідання про сплячу принцесу та відправився в ліс. Він відкрив палац і піднявся на вежу, де спала Ліла.

Приголомшений її красою, він поцілував її, зламавши прокляття. Весь палац прокинувся, і король та королева подякували принцу Даміану. Ліла та Даміан закохалися, і всі жили довго та щасливо.

Growing Together

Days after my fight at school, Grandpa took me to his garden. It was a quiet walk, and I carried a large basket filled with tools, food, and an empty jar.

Grandpa's garden was a lifeless square compared to the colorful plots around it. Jean, the teasing neighbor, suggested Grandpa grow easier crops. Grandpa replied, "Grow What?"

Ignoring our neighbor, Grandpa and I continued working on the garden, turning soil and collecting snails. Over time, I found peace in our daily routine, despite my struggles at school.

One day, we discovered a remarkable plant had grown overnight. Grandpa called it a "What." It was incredibly vibrant, with leaves like feathers and enormous leaves hanging from its stem. It seemed to be trying to float away.

Grandpa tied ropes around the basket and the What's stem. He urged me into the basket and cut the stem. The What lifted us into the sky. We soared high above the countryside, rivers, and fields stretching far and wide.

Grandpa explained that distance from problems brings perspective. I realized my school issues weren't insurmountable. Grandpa suggested we drop snails on the children below as a joke, just like he did during the war.

When I asked how we'd get down, Grandpa said we'd float for a while and find our way home. I hugged him, feeling grateful for his lesson and the time we'd spent together.

Разом Ростемо

На декілька днів після мого конфлікту у школі, дідусь взяв мене до свого саду. Це була тиха прогулянка, і я несла велику корзину, наповнену інструментами, їжею та порожньою банкою.

Сад дідуся був безжиттєвим квадратом порівняно з яскравими ділянками навколо. Жан, насмішливий сусід, порадив дідусеві вирощувати простіші культури. Дідусь відповів: "Вирощувати Що?"

Не звертаючи уваги на сусіда, ми продовжили працювати над садом, перекопували ґрунт та збирали равликів. З часом я знайшла спокій у нашому щоденному ритуалі, незважаючи на свої проблеми у школі.

Одного дня ми виявили, що вночі виріс дивовижний рослин. Дідусь назвав його "Що." Він був надзвичайно яскравим, з перістими листками та великими листками, що звисали зі стебла. Здавалося, він намагався відірватися від землі.

Дідусь прив'язав мотузки навколо корзини та стебла рослини Що. Він натякнув мені зайти до корзини та відрізати стебло. Що підняв нас у небо. Ми піднялися високо над селами, річками та полями, що простягалися далеко і широко.

Дідусь пояснив, що відстань від проблем дає перспективу. Я зрозуміла, що мої шкільні проблеми не є непереборними. Дідусь порадив забавитися, скидаючи равликів на дітей знизу, як він робив під час війни.

Коли я запитала, як ми зійдемо, дідусь сказав, щоми будемо плавати в повітрі деякий час і знайдемо дорогу додому. Я обійняла його, відчуваючи вдячність за його урок і час, проведений разом.

Shoes Made of Glass

Ashley, nicknamed Ash, lived with her stepmother and stepsisters who wore fine clothes while she wore rags. She was kind, unlike her selfish stepsisters.

One day, an invitation arrived for a royal ball. Ash's stepmother forbade her from attending. Feeling sad, Ash was visited by her fairy godmother, who transformed her clothes, turned a pumpkin into a carriage, and gave her shoes of glass.

At the ball, the prince admired Ash's kindness. They danced until midnight approached, causing Ash to flee and leave a glass shoe behind. The prince tried the shoe on every girl, eventually finding it fit Ash.

The couple married, and all enjoyed the wedding except Ash's stepmother and stepsisters. Ash and the prince lived happily ever after.

Взуття зі скла

Ешлі, з прізвиськом Еш, жила з мачухою та своїми прийомними сестрами, які носили вишуканий одяг, тоді як вона носила лахміття. Вона була доброю, на відміну від своїх егоїстичних прийомних сестер.

Одного дня прийшло запрошення на королівський бал. Мачуха заборонила Еш відвідувати його. Похмурою, Еш відвідала її казкова бабуська, яка перетворила її одяг, перетворила гарбуз на карету і дала їй взуття зі скла.

На балу принц захоплювався добротою Еш. Вони танцювали до настання опівночі, що змусило Еш тікати і залишити за собою скляний черевик. Принц примеряв черевик на кожну дівчину, аж знайшов, що він підходить Еш.

Пара одружилась, і всі насолоджувалися весіллям, крім мачухи та прийомних сестер Еш. Еш і принц жили щасливо і довго.

Ant & Elephant

Talik is a game where one team hides a token in a player's hand under a cloth, and the other team must guess where it is.

Ant and Elephant were good friends who loved playing together. However, Elephant's strict father disapproved of them playing when there was work to be done or when Elephant should have been with his own kind.

Elephant was afraid of his father's anger, but Ant was brave and unafraid of the grumpy parent.

One day, while playing Talik, they heard Elephant's angry father approaching. The earth trembled, and trees moved.

"My father's coming!" exclaimed Elephant, terrified. "What should I do?"

Ant confidently stood tall. "Don't worry, my friend, hide behind me, and your father won't find you!"

Мураха та Слон

Талік - це гра, в якій одна команда ховає жетон у руці гравця під тканиною, а інша команда повинна вгадати, де він знаходиться.

Мураха та Слон були добрими друзями, які любили гратися разом. Однак суворий батько Слона не схвалював того, що вони граються, коли треба було працювати або коли Слон мав бути зі своїм родом.

Слон боявся гніву свого батька, але Мураха була смілива і не боялася злого батька.

Одного дня, граючи в Талік, вони почули, як наближається злий батько Слона. Земля тремтіла, а дерева рухалися.

"Наближається мій батько!" - вигукнув жахнутий Слон. "Що мені робити?"

Мураха впевнено стала на задні ніжки. "Не хвилюйся, мій друг, сховайся за мною, і твій батько не знайде тебе!"

A New Beginning

Young Leila left her home in Tehran to live with her cousins in London. Although she didn't want to leave her parents, her mother assured her that she would have a great new life and make new friends in England.

Upon arrival, Leila found London to be different from her expectations. She felt like an outsider and also felt much different from other people. The weather was bad, and people stared at her.

At her new school, Leila felt alone and unwelcome. Many of her classmates had lighter hair and eyes and didn't want to befriend her. But one day, a boy named Tom offered her his milkshake and befriended her, despite being an outcast himself.

Leila and Tom had a great time playing and sharing stories. Soon, other children joined in and began asking Leila about her life in Tehran. As they all laughed and learned from each other, Leila realized that being different is beautiful.

With newfound confidence, Leila embraced her life in London and looked forward to making her parents proud when they joined her.

Новий Початок

Молода Лейла залишила свій дім у Тегерані, щоб жити зі своїми двоюрідними братами у Лондоні. Хоча вона не хотіла залишати своїх батьків, її мати запевнила її, що вона матиме чудове нове життя і знайде нових друзів у Великобританії.

Прибувши до Лондона, Лейла виявила, що він відрізняється від її очікувань. Вона почувалася чужою та сильно відрізнялася від інших людей. Погода була поганою, а люди дивилися на неї.

У своїй новій школі Лейла почувалася самотньою та небажаною. Багато її однокласників мали світліше волосся та очі і не хотіли спілкуватися з нею. Але одного дня хлопчик на ім'я Том запропонував їй свій молочний коктейль та подружився з нею, хоча і сам був вигнанцем.

Лейла та Том чудово проводили час, граючи та обмінюючись історіями. Незабаром інші діти долучилися та стали задавати Лейлі питання про її життя у Тегерані. Коли вони всі сміялися та вчилися одне від одного, Лейла зрозуміла, що бути іншим - це прекрасно.

З новим впевненням у себе Лейла прийняла своє життя у Лондоні та з нетерпінням чекала на те, щоб зробити своїх батьків гордими, коли вони приєднаються до неї.

The Curious Reader

Arjun had little to his name: some clothes, worn out shoes, pens, and an old book. In 2042, books were a rarity. Arjun's family was poor, so he didn't have things like his classmates, who found him weird.

Arjun's book was his escape. He used it as a notebook, writing his thoughts and friends' contact details. The book was written in Bengali, which he could speak but not read. Arjun's family had moved to Britain after floods in Bangladesh, and he grew up in a modest home.

One day, the internet crashed, leaving everyone in chaos. They relied on it for everything, and now nothing worked. Arjun's book became valuable, as it held names, addresses, and game ideas. He and his friends explored a dusty old library, where they read and played.

Arjun discovered an English version of his book called Matilda, and learned to read Bengali by comparing the two. When the internet was restored, everyone left the library except Arjun. He stayed, eager to explore more books and stories.

Цікавий Читач

У Арджуна мало чого було: кілька одягу, зношені черевики, ручки та стара книга. У 2042 році книги були рідкістю. Сім'я Арджуна була бідна, тому він не мав таких речей, як його однокласники, які вважали його дивним.

Книга Арджуна була його втечею. Він використовував її як зошит, записуючи свої думки та контактні дані друзів. Книга була написана бенгальською мовою, якою він міг розмовляти, але не читати. Сім'я Арджуна переїхала до Великобританії після повеней у Бангладеш, і він виріс у скромному будинку.

Одного дня інтернет впав, залишивши всіх у хаосі. Вони залежали від нього у всьому, і тепер ніщо не працювало. Книга Арджуна стала цінною, оскільки в ній були імена, адреси та ідеї для ігор. Він та його друзі відвідали стару пилу та бібліотеку, де вони читали та грали.

Арджун знайшов англійську версію своєї книги під назвою Матільда і навчився читати бенгальською, порівнюючи обидві книги. Коли інтернет відновили, всі покинули бібліотеку, крім Арджуна. Він залишився, охочий досліджувати більше книг і історій.

Two Different Brothers

In a remote town, two brothers named Ben and Jack lived. Jack was kind and hard working, managing the family farm, while Ben was lazy and moved between different jobs before marrying a wealthy widow's daughter.

Despite Jack's hard work, misfortune struck. His crops failed, his wife fell ill, and four children caught yellow fever. Desperate, he asked Ben for money, which Ben lent with the condition of paying back even more. Jack's situation worsened, losing the farm to Ben and moving his family to a small house on the town's edge. They lived in poverty while Ben grew wealthier.

One day, Jack attended Ben's daughter's wedding and asked his brother for help. Ben threw him a barely meaty bone. Jack angrily threw the bone into the river, unknowingly trapping the spirit of Poverty inside it. With Poverty gone, their fortunes improved.

As Jack's luck improved, Ben grew jealous and demanded to know the secret. Jack revealed the story of trapping Poverty. Ben, hoping to bring misfortune to Jack, found the bone and released Poverty, who now clung to him. Ben's life spiraled into disaster, and he eventually passed away, releasing his family from Poverty's grip.

Jack and his family enjoyed a long and prosperous life filled with love and laughter.

Двоє Різних Братів

У віддаленому містечку жили два брати на ім'я Бен і Джек. Джек був добрий і працьовитий, управляв сімейним господарством, а Бен був лінивим і перебував між різними роботами, перш ніж одружитися на дочці багатої вдови.

Попри важку працю Джека, його спіткало лихо. Його врожай зіпсувався, дружина захворіла, і четверо дітей заразилися жовтою лихоманкою. Розпачливий, він попросив Бена про гроші, які Бен позичив за умови повернення навіть більше. Ситуація Джека погіршилася, він втратив ферму на користь Бена і переселив свою сім'ю до маленького будинку на околиці міста. Вони жили в бідності, а Бен ставав багатшим.

Одного дня Джек відвідав весілля дочки Бена і попросив брата допомогти. Бен кинув йому ледь м'ясисту кістку. Джек розлючено кинув кістку в річку, ненавмисно втішивши в ній дух Бідності. Зникнувши Бідність, їхнє життя почало покращуватися.

Коли успіх Джека росів, Бен ставав заздрісним і вимагав знати таємницю. Джек розповів історію про те, як він поклав кінця Бідності. Бен, сподіваючись принести лихо Джеку, знайшов кістку і звільнив Бідність, яка тепер тісно пристала до нього. Життя Бена зірвалося в прірву, і він нарешті помер, визволивши свою сім'ю від обіймів Бідності.

Джек і його сім'я насолоджувалися довгим і процвітаючим життям, наповненимлюбов'ю та сміхом.

The Wise Old Lady

Once in a kingdom with a lovely queen, a wise old lady lived with her four quarrelsome sons and their spiteful wives. They lived together but had separate kitchens due to constant arguments. The old lady yearned for her family to live in unity and happiness, so she threatened to evict them if they didn't change. She also insisted they share a kitchen, hoping it would bring them closer.

The sons gave their mother their daily earnings since they were poor. One day, the youngest son found no work and brought home a dead snake. The mother threw it onto their roof. Meanwhile, the queen lost her diamond necklace to an eagle, which later exchanged the necklace for the snake on the roof. The old lady discovered the necklace and knew the queen wanted it back.

With the upcoming Diwali festival, the old lady devised a plan. She returned the necklace to the queen, who offered a reward, but the old lady requested only her house be lit for Diwali. The queen agreed, and on Diwali night, the goddess of wealth visited the beautifully illuminated house. Impressed, the goddess granted the family's request to live with them, but only if they remained united.

The family agreed, and from then on, they lived harmoniously, and the old lady's dream of a peaceful family life came true with the goddess of wealth blessing their home.

Мудра Стара Леді

Колись у королівстві з чудовою королевою жила мудра стара леді зі своїми чотирма сварливими синами та їхніми злобними дружинами. Вони жили разом, але мали окремі кухні через постійні сварки. Стара леді мріяла, щоб її сім'я жила в єдності та щасті, тому погрожувала виселити їх, якщо вони не зміняться. Вона також наполягала, щоб вони ділили кухню, сподіваючись, що це зближить їх.

Сини передавали матері свої щоденні заробітки, оскільки вони були бідні. Одного дня молодший син не знайшов роботу і приніс додому мертву змію. Мати кинула її на дах. Тим часом королева втратила свій діамантовий намисто, яке забрав орел, і пізніше обміняв його на змію на даху. Стара леді знайшла намисто і знала, що королева хоче його повернути.

На наближення свята Дівалі стара леді склала план. Вона повернула намисто королеві, яка запропонувала винагороду, але стара леді попросила лише про те, щоб її будинок був освітлений на Дівалі. Королева погодилася, і вночі на свято Дівалі богиня багатства відвідала прекрасно прикрашений будинок. Вражена, богиня задоволнила прохання сім'ї жити з ними, але лише за умови, що вони залишаться об'єднаними.

Сім'я погодилася, і з того часу вони жили дружно, і мрія старої леді про мирне сімейне життя збулася за благословенням богині багатства в їхньому домі.

The Honey Story

Once upon a time, a tale was shared, and now I share it with you... the story of the honey drop.

A woodsman and his dog, high in the barren hills, discovered a cavern. Inside, they found a nook brimming with exquisite, transparent honey. Filling his flask with honey, the woodsman descended the hills, finding himself in a foreign place.

In a nearby town, he encountered a merchant selling oil. He offered his honey, perhaps for some oil in return. The merchant was intrigued. As the merchant tasted the honey, a single drop fell to the ground.

Flies gathered around the honey, attracting birds to feed on them. A cat owned by the merchant pounced on a bird, killing it. The woodsman's dog then killed the cat.

Enraged, the merchant killed the dog with a powerful kick. The woodsman, furious, stabbed the merchant. Bystanders rushed in and killed the woodsman.

News of his death reached his homeland. His town retaliated, killing many in the foreign town.

The foreign king declared war, and a big conflict ensued.

Years of war and animosity between the lands followed, all due to one drop of honey.

Історія про Мед

Колись давно ходила казка, і тепер я розповідаю її вам... історія про краплину меду.

Лісоруб і його собака, угорі на безплідних пагорбах, знайшли печеру. Всередині вони знайшли закуток, повний прекрасного, прозорого меду. Наповнивши свою флягу медом, лісоруб спустився з пагорбів, опинившись у чужому краю.

У сусідньому містечку він зустрів торгівця, що продає олію. Він запропонував свій мед, можливо, у обмін на олію. Торгівець зацікавився. Коли торгівець скуштував мед, одна крапля впала на землю.

Мухи зібралися навколо меду, залучаючи птахів, щоб підгодувати їх. Кіт, який належав торговцю, кинувся на птаха та вбив його. Собака лісоруба тоді убила кота.

Розлючений, торгівець вбив собаку потужним ударом ноги. Лісоруб, у люті, вколов торгівця. Очевидці кинулися і вбили лісоруба.

Вістка про його смерть дійшла до його батьківщини. Його місто відповіло, вбивши багатьох у чужому місті.

Чужий король оголосив війну, і розпочалась велика боротьба.

Роками тривала війна і ворожнеча між землями, все через одну краплину меду.

The Wolf and the Heron

In a forest, a wolf and a heron lived together. One day, the wolf invited the heron for lunch. "Please come tomorrow at noon," he said.

The heron, delighted, visited the wolf's den the next day. The wolf prepared a tasty stew, served on a flat plate. The heron couldn't eat due to her long beak and flat plate.

"Oh, what a pity!" the wolf said, finishing the stew himself.

The hungry heron, wanting to teach the wolf a lesson, invited him for lunch at her home. She prepared a nice soup, served in a long-necked jar.

The wolf couldn't drink the soup, while the heron effortlessly sipped it with her beak.

"Fair is fair!" exclaimed the heron.

Defeated, the wolf went home, tail between his legs.

Вовк та Чапля

У лісі жили разом вовк та чапля. Одного дня вовк запросив чаплю на обід. "Будь ласка, приходь завтра опівдні," - сказав він.

Чапля, радісна, відвідала барлогу вовка наступного дня. Вовк приготував смачний гуляш, поданий на плоскому блюдці. Чапля не могла їсти через свій довгий дзьоб і плоске блюдце.

"Ой, яка шкода!" - сказав вовк, доївши гуляш сам.

Голодна чапля, бажаючи навчити вовка уроку, запросила його на обід у свій дім. Вона приготувала гарний суп, поданий у вазі з довгою шийкою.

Вовк не міг пити суп, тоді як чапля без зусиль пилася ним своїм дзьобом.

"*Справедливість є справедливість!*" - вигукнула чапля.

Приборканий, вовк пішов додому, хвіст між ніг.

The Enchanted Goose

Once, a young boy named Lukas lived in a small town. He was a cobbler's apprentice, barely making ends meet. In the evenings, Lukas listened to the townsfolk's stories at the local tavern. He dreamed of adventure and wealth. One night, he overheard a conversation about a golden goose hidden in the cellar of an old castle.

Curious and determined, Lukas ventured to the castle and found the entrance to the cellar. It was dark and wet, but he pressed on. After hours of searching, he discovered a room with a vaulted ceiling and a blue lake where the golden goose swam.

"Hello, Lukas," it said. "As you found me, you'll be rewarded. Take this pouch with a hundred gold coins. Spend it all today without sharing, or you'll be poor forever."

Lukas eagerly took the pouch and left. The corridors were brighter now, and he reached the surface quickly. Excited, he bought fine clothes, feasted at a fancy restaurant, and purchased a magnificent horse. In the evening, he went to the theater, but his purse remained half full.

As night fell, an old beggar in tattered soldier's clothes approached him for help. Lukas hesitated, then gave the beggar a handful of gold coins.

Suddenly, a bright light appeared, and the golden goose spoke: "You failed my conditions! You'll be a poor cobbler forever!"

Lukas smiled at the grateful old man. "That's fine," he said. "True happiness comes from sharing, not hoarding wealth."

Зачарований Гусак

Одного разу молодий хлопець на ім'я Лукас жив у маленькому містечку. Він був учнем шевця, ледь зводив кінці з кінцями. Ввечері Лукас слухав розповіді місцевих мешканців у таверні. Він мріяв про пригоди та багатства. Одного вечора він почув розмову про золотого гусака, схованого у підвалі старого замку.

Цікавий та рішучий, Лукас вирушив до замку і знайшов вхід у підвал. Там було темно й волого, але він продовжував шукати. Після декількох годин пошуків він відкрив кімнату з звивистим стелю та синім озером, де плавав золотий гусак.

"Привіт, Лукасе", - сказав він. "Оскільки ти знайшов мене, ти отримаєш нагороду. Візьми цю сумку зі ста золотими монетами. Витрати все сьогодні, не ділячись з кимось, інакше будеш вічно бідним".

Лукас з радістю взяв сумку й пішов. Коридори були яскравіші, і він швидко дістався на поверхню. Захоплений, він купив дорогий одяг, поїв у вишуканому ресторані та придбав розкішного коня. Ввечері він пішов у театр, але його гаманець залишався наполовину повним.

Коли настав вечір, старий жебрак у розірваному військовому одязі підійшов до нього за допомогою. Лукас зволік, а потім дав жебраку кілька золотих монет.

Наглухо, з'явилось яскраве світло, і золотий гусак заговорив: "Ти порушив мої умови! Ти будеш бідним шевцем завжди!"

Лукас посміхнувся на вдячного старого чоловіка. "Це нормально", - сказав він. "Справжня радість приходить від ділення, а не зберігання багатства."

Printed in the USA
CPSIA information can be obtained
at www.ICGtesting.com
LVHW071536021223
765531LV00064B/3608